はじめに

ここ最近、マスコミを賑わしているものに「超自己チュウジ」「学級崩壊」という言葉があります。これは、幼児期の育て方からくるらしく、各家庭や保育所・幼稚園などが一人一人の幼児の主体性を大切にし過ぎるあまり、幼児期の特性である自己中心的な行動を跳び越し、超自己中心的な振る舞いをする幼児の出現を意味しているようです。

その一例として、小学校の一年生の授業中「いま、算数をしたくない、砂場で遊びたい」と主張し、教室を飛び出す。そのことを保護者に伝えると「幼稚園では、自由にさせていただき、あの子のよさを認めていただきました」と開き直られたとか、「友だちの家に遊びに行って勝手に冷蔵庫を開け、黙って牛乳を飲む幼児が多くなってきた」などが伝えられ、学級崩壊の原因も幼稚園や保育所の保育の有り様にあるのではと問題の波紋も大きなものになっていきました。

その原因探しの中では、平成元年の幼稚園教育要領・保育所保育指針の改訂で「自由保育」が導入され、幼児が自由にあたかも放任保育されていることが要因ではないかと流布されました。幼稚園や保育所にとっては、寝耳に水とまではいかないまでも、突然、降って涌いた出来事のようでした。しかし、この出来事によって幼児教育関係者以外の多くの方々からも幼稚園・保育所の教育に注目が集まるようになってきたことは、ある意味でよかったのではないかと思われます。つまり、その出来事の要因が幼稚園や保育所にあるか否かは別としても、幼児期の教育とは、何かが伝わっていなかったことへの反省ともなり、とくに、幼稚園（保育所の3―5歳児）が、子どもにとっての最初の学校であることが一般の方々に理解されていなかったことに気づくことが出来たのです。

幼児期の教育は、遊びを中心として幼児の興味・関心を大切にした教育を進めているために、教科書のある小学校以上の教育とは、少なからず似て非なるところがあります。しかし、幼児期の発達の特性を大切にしながら一人一人の発達を見据えた小学校以降の「学びへの基盤」を築いています。そのために、小学校教育と同様に年間の指導計画や日々の保育計画もしっかり持っています。つまり、幼稚園・保育所は意図的な教育の場なのです。

本書は、そのことに着目しながら日々の実践の課題などに応えた時々の話題を集めてみました。その意味では、第一話から通して読む必要はありません。基本的には、好きな話題から読んでいただくと嬉しく思います。また、保育を通して疑問や課題があれば、その話題に添って読んでいただければ幸いです。じっくり、楽しく何度も繰り返し読んでいただければと、一冊にまとめてみました。具体的には、国公幼の月刊誌「じほう」や各地で研修会に参加した際に、求められた疑問などに応えた論稿を集め、書き直してみたものです。とくに、再掲載を許された国公幼の「じほう」の事務局の方々に心より感謝します。

終わりになりますが、ひかりのくに編集部の森田　健部長、森さんには出版に当たり貴重なご示唆や指導をいただき、すてきな本になりました。ありがとうございます。

2001年6月
小田　豊

編集・森田　健／森　雅代
イラスト・小沢　恵子

第一話　子どもたちは、なぜ幼稚園・保育所に行くのか

一　少子化時代の中の幼稚園

二　二つの願い

三　子どもの側に立つ教育への転換

四　子どもから出発する「学びの教育」の実現

・はじめに

現在、幼稚園・保育所は社会的に認知され、家庭にも受け入れられて多くの子どもたちが当たり前のように幼稚園・保育所にやってきています。一方で、子どもを取り巻く環境の劣悪化が進み、子どもの真の発達を促す環境とは何かが改めて問われ、幼稚園・保育所の在り方も再考しなければならなくなってきています。

たしかに、今の家庭や地域には「幼児期にふさわしい生活」が実現し難い状況が多くあります。家庭教育機能の低下、兄弟姉妹など家族成員の少なさ、戸外の遊び場の消失、遊び仲間の崩壊等々、そのどれをとっても子どもの望ましい成長にとって、心配になる事態といえます。その意味で、幼児期の集団施設としての幼児教育への期待は高まるばかりです。しかし、社会や親のニーズも高く、環境としても必要だからというだけでは幼稚園・保育所入園（所）は当たり前ということにはならないのではないでしょうか。

一　少子化時代の中の幼稚園

近年の出生率の著しい低下に伴い、どこの幼稚園も園児集めに一生懸命です。この状況は、極端な言い方ですがまさに幼稚園の存亡がかかっているといっても言い過ぎではないのかも知れません。かつては、幼稚園は何をしているところなのか深く考えることなく、「みんなが行くから・・・」という軽い気持ちで園児が集まっていました。時には、園児の応募が多くて抽選や試験を科したこともあったほどでした。

しかし、これからは違います。「幼稚園は義務教育でもないし、家庭で上手に教育ができれば幼稚園へ行かせる必要は無い」というのは極論にしても、「幼稚園には行かせたいけれど、どんな幼稚園が良いかじっくり検討してみよう」という対応が主流となるでしょう。この意味するものは、今後幼稚園は、ある基準で選択される側になるであろう、ということです。その場合、一番の関心事であり、選択の基準となるのは「この幼稚園は何を育ててくれるのだろうか?」ということです。この"何を"という部分が鋭く問われてくることになります。

ところが、幼稚園というところでは、この〝何〟をについて、教師を含め大人の側の論理で応えることはあっても、子どもの側に立った論理では明確にしてこなかったところがあります。つまり、この幼稚園では何を育てているのか、どんなところに誇りをもっているのかについて、自信をもって子どもの側に立つ答を持っていないように思えるのです。

二　二つの願い

子どもを育てるとき、私たちには二つの願いがあるようです。

一つは、「賢い子ども・秀れた子ども」になって欲しいという願いです。つまり、勉強がよくできる子ども。それには、他者よりも〝早く走れることやピアノが上手に弾けること〟なども含まれています。賢い子ども、秀れた子どもになることを願うことは大切です。人間の力をどこまでも高めようとする願いは、科学や技術の進歩を生み出す力になってきたし、きていると考えられるからです。

二つめは、元気でさえあれば「このままの姿でよい。この子のありのままの姿で輝いていて欲しい」という願いです。ここには、他者と比べることはありません。その子どもの〝ありのままの良さ〟を認め、受けとめています。よさを認められるということは、生きることへの「意欲」（モラール）へとつながっていきます。

ただし「良さを認める」とは、単に、その子どもの〝良さをほめる〟といった表層的な言葉の問題ではありません。子どもの内面に育っている良さに心から寄り添って感動することで、実のある「ことば」が語られなければ、生き方としての「意欲」には結びつきません。一つめの願いも、大切な願いだと言いました。それは、人間の力を高めてあらゆる問題を解決するということにつながるからです。今から向かうであろう様々な問題に対処していくためには、その力が確かに必要です。しかし、その力は、自分自身が生み出すものでなければなりません。それは、二つめの願いとつながっている生きる「意欲」という支えがあって、はじめて可能であり、「意欲」の持てないまま、まわりから課題の解決を強要されると、答えを見つけられないで、子どもは立ち止まってしまうのです。

そこで、どの子どもも「そのままで良い」という、「一人一人の良さを認める」二つめの願いを大切にすること、つまり、子どもの側に立った教育を実現することが、ここに来てあらためて、教育の課題として重い意味を持ってきたのです。

三　子どもの側に立つ教育への転換

唐突なのかも知れませんが、「どうぞ安心してお子さんを幼稚園・保育所にやってください。幼児教育の専門家として、子どもが子どもであるという生活の中で一人一人の子どものよさを生かし、その子らしさを発揮し、学ぶ楽しさに溢れる子どもの側に立った教育を致します。ただし、早期受験教育はやっておりません。」と言ってみてはいかがでしょうか。

あなたの幼稚園・保育所では何をしているのかと問われたとき、〝泥んこ保育・自由な保育〟などの答えが多いのではないでしょうか。具体的な保育内容が見えにくいままに。ところが、保育の原点とするべき「学び」については、「生き方の基礎的学習として『学びの教育』をしていますか」の問いに、多くの幼稚園・保育所から、否定的な答が還ってきます。「学びの教育」という言葉がきちんと捉えられ、生かされていないと考えられないでしょうか。

「学びの教育」という言葉に、多くの人はあることを想起するようです。別の言葉を使えば、過度なドリル学習などに代表される早期受験教育や早期才能開発教育です。学びの教育と早期受験教育とはまるで違うものなのですが、二つが混同されて「学ぶ」という言葉に拒否反応が示されているのではないかと思うのです。さらに言えば、そのとき、先の「二つの願い」が頭の中で交錯してもいるの

だと思います。一人一人の子どものよさを生かし、子どもが子どもである生活を通してそれぞれのもっている「その子らしさ」を切り開き、生きる力を身に付けていくのが「学びの教育」であり、また、「二つの願い」を統合するものです。

しかし、「学び」という語と早期の受験教育や早期の才能開発教育との間にある違いを掴めなかったために、「うちは　泥んこ保育をしています」とか「自由保育をしています」という言い回しの幼稚園が多くなったのではないでしょうか。子どもが遊びに夢中になり没頭しているとき、その子どものよさが溢れ出し、輝いている姿があります。その輝きに心から感動し、うなずき、寄り添ってゆく教育を実現することの中に学びが生きています。それを、保護者に伝えていく、幼児教育に求められているのはそういうことではないでしょうか。一人一人の子どもの主体を大切にし、学びの楽しさを大切にする子どもの側に立つ教育への転換なしには、それはできないことです。

四　子どもから出発する「学びの教育」の実現

子どもの側に立つ教育への転換を、具体的にはどう実現していくか。それは子ども一人一人の興味や関心に決定的に付き合い、子ども一人一人に何が実現したいのかを見据えることから始まります。幼児教育が、環境を通しての教育、生活を通しての生きる力としての「学び」の基礎を形成することへと転換し、それを確立していくための最初の一歩で、総てであるのは「子どもたちと決定的に付き合ってみてください」ということになるのではないかと思います。

ところが、この「付き合う」が簡単なことではないのです。よくある話ですが、「子どもたちがなかなか片づけをしてくれない」そこで「保育者が一生懸命片づけをしたら、片づけをしてくれるようになるに違いない」と考え、保育者が片づけをやっても子どもたちはしない。「私が一生懸命やっているのだから、子どもたちはするようになるに違いない」と思っているかぎり、子どもたちは決して片づけをしません。「先生は、私たちにさせたいから一生懸命やっているのだ」と、保育者の心は読まれ、子どもたちは「私たちに向き合っていない」と感じ心を閉じてしまいます。子どもたちと「決定的に付き合う」ということは、子どもたちの心を動かし、開くことなのです。そのためには、共感的人間関係が成立しなければなりません。つまり、「子どものために」ではなく「子どもとともに」が本物にならなければ、生き方への学びにはならないのです。つまり、「子どもたちと決定的に付き合う」「子どもから出発して子ども自身に還る」ということは、「学び」の基礎を形成するための中核に保育者の存在が大きいことを明記しておかなければならないのです。

「子どもは、なぜ幼稚園・保育所に行くのですか」と問われる時代になってきています。子どもの姿から常に学び、多面的に研鑽《けんさん》を積んで、きちんと答えられるようになりたいものです。

第二話　子どもが育つとは

一　誤解される「教育・愛」

二　感動する「こころ」と知識化された「こころ」

三　「こころ」を生かす

四　「よく遊ぶこと」と「よく学ぶこと」

・はじめに

続々と大きなビルが建ち、道路が拡張され、情報網が発達し、工業製品は大量にあふれています。こうした時代に呼応して、家庭の暮らしに対する考え方は大きく変化し、個人生活の多様化と生活を楽しむ傾向を増大させ、できるだけ手間をかけず、身体を動かさず、いやな労働はしないで、お金を得られるようになりたいとの風潮が支配的になっています。そのことの是非はともかく、こうした大人の生活変化の中に子どもの生活の基本も置かれて、影響を受け、この稿の中でもふれたように、すでに目に見える変容がいくつも指摘されています。しかし、子どもに対する作用は、ほとんど、すぐに反応が現れず、数か月後、数年後になってやっとその結果がもたらされるものです。そこに、子どもを取り巻く問題の恐ろしさと大切さがあります。兆候が表れた時には、すでに遅いのです。これらのことを重ね合わせれば、子どもの問題は対症療法では解決しないことが明白であり、大人主導の企ても、子どもの生活と真に関わり合うのは難しいのも明らかです。だからといって、大人が手を出しさえしなければよいわけでもありません。

今私達の目の前にいる子どもたちは、「見せかけの子ども」・「(子ども時代を持たない)幼い大人」のように見えます。ひょっとすると、現在どこにもかつてのような「子ども」はいないと言えるのかもしれません。

矛盾するようですが、今は、大人が手を差しのべなければ、子どもだけでは、「育つ」ことはできないほどにすでに荒廃しているのではないでしょうか。「子どもが育つとは」どのようなことなのかを、もう一度真剣に考えてみなければならない「崖っぷち」(アリエス『子どもの誕生』以後の課題として)のところに私達は立っているようです。

ところで、「発達」を抜きにしては「育つ」ということは考えられませんが、現在、学校においても、家庭においても、子どもたちの「発達」を、単に何かが「できる」とか「わかる」とか言うことだけで捉える傾向が広く見られます。私は、幼稚園・保育所に入園してくる子どもたちの物の見方、感じ方の中に、「できる」とか「わかる」だけを行動規範とする傾向が年々浸透していっているのを見て、すでにに幼児期から「発達」がゆがめられていることを実感しています。彼らをそこに追込んでいるものは何なのかを具体的な事例を通して問いつつ、「子どもが育つとは」という命題に迫ってみたいと思います。

一　誤解される「教育・愛」

はったつ
むかしのそうじは　ほうきで
今は　そうじき
人間は今
どんどん進ぽしている
一歩道をまちがえると　死
（『マー先のバカ』青春出版より）

この詩を作った少年は、いまはもうこの世の人ではありません。五年生のとき、自らのいのちを断って世を去ってしまいました。この詩は、彼が四年生のときに作ったものだそうです。この詩に限らず、子どもの眼が純粋に心象を表す時、鋭く大人に突きつけるものを持つものです。彼がこの世を飛び立つことになった現場には、「マー先のバカ」と書かれていたそうです。彼がこのような言葉を残して、死んでしまうことになったのは、担任の先生との「行き違い」という確執があったようです。先生は、彼の子どもらしい純粋さを、純粋さゆえの鋭さを「ひねくれたこころ」と見てしまいました。彼は自分のこころを理解してくれない先生が、自分をよい方向に導こうとするのを悲しみ、その方向の中に絶望を見てしまったのです。

私達大人は、自分の物差しを絶対だと思いがちです。その物差しで子どもをはかり「へんな子・変わった子」と断定してはばかりません。「発達」ということを、大人はそれを無条件でよしとしているのに対して、子どもの方は「一歩道をまちがえると死」と見ていることもあるのです。そこには、単に「誤解」という言葉で覆いきれない深さの谷間があるようです。

二　感動する「こころ」と知識化された「こころ」

わが子にむかって「おかあさんは、あなたのことを思ってこんなに頑張っているのよ」とか「あなたを将来とも、何不自由なくしてあげたい」という親が、過去のどんな時代よりも多くなってきています。このような親は、実に真面目で、子どもには親切で、子どもに関わる全てに真剣です。勉強部屋。高価な机・オモチャ。欠かさず出席する父兄参観日。入学試験にもついて行きます。中には息子の就職した会社に「息子をよろしくお願いします」と挨拶しに行く親もいると聞きます。

たしかに、「あなたのことを思って、こんなに頑張っている」のですが、その熱意は時として知的な面での早期の教え込み、詰め込みに傾きがちです。また、情緒的な面においても、「かわいそうな人には親切にするのよ」といった言い聞かせで、思いやりの心も育てていこうと思い込みがちです。しかし、それは「こういうときはこうする」といった、反応の型をつくるという、いわば「こころ」の知識化を促すものでしかありません。嬉しい場面、悲しい場面、きれいな花に深く感動する「こころ」は、知識によって切り開いていく「こころ」（知識化された「こころ」）とは明らかに次元が異なっています。深く感動する「こころ」は、外から何かを与えられることによって育つのではなく、自分から能動的に働きかけることによって育ちます。何かを入れていくことでふくらんでいくのでなく、ゆり動かされて、あるいはゆり動くことによって、その振幅の大きさで育つのです。

ところが、知識化された「こころ」や記号化された知識の集積を「発達」と見誤ってしまうと、ここのところが見えなくなり、気づかないままに子どもの生活や感性をも奪い続けることになるのです。子どもの内面から創

り出されてくる世界だけが、こころを育てる基盤であると考えるべきでしょう。「できる」ということを「発達」として無条件によしとしてしまうと、その立場から見える子どもの姿は、とにかくある目標に向かって到達させてやらなくてはならないものとしてしか見えなくなってしまいます。本来、「発達」とは、生きることの裏づけであり、生きる意欲を持つことに支えられているべきなのです。そうした「発達」を今の子どもたちの手に取り返さなければ、それこそはまさに「一歩道をまちがえれば「死」となる可能性があるのです。

三　「こころ」を生かす

・ある授業から

小学校の一年生の授業参観をした時のことです。それは、算数の授業で「たし算」をやっていました。先生がいくつかの問題を板書し、「さあ、みんな、ここに書いた問題をやってもらおう」と言うと、いっせいに勢いよく「ハイ、ハイ、ハイ」と手が挙ります。一人の女の子が名指しされ、その生徒は椅子を引き立ちあがり、元気よく力強い声で「5＋7＝」に挑戦しました。ところが、彼女の答えは「13」。その瞬間クラス中が騒然となり、「アッホー、ちがうわー、次はボクを当ててー」と、だんだんうなだれてションボリとしていく彼女など見向きもせず、先生に向かってあちこちから声がとびかいます。つぎの子どもが指名されるなと思っていると、先生は、彼女のそばに行き「大きい声で、しっかり答えられたね！」と頭をなでながら「でも、ちょっと惜しかったね。」とクラス中に聞こえるように声をかけたのでした。それでも、他の生徒は相変わらず「当てて、当てて」と騒がしい。すると、もう一度同じことを、今度はクラス全員に向かって言うと、あちこちでようやく「そや、惜しい、もうちょっとやったな！」の声が挙がりはじめ、一人の子が「もう一回やったら、ええねん」の声が出てきたのです。彼女は先生に促され、今度は小さな声で「12」と答えました。その声にクラス中が「ヤッター、ヤッタネ」と拍手が起こりました。

先生の見事な子どもへの受容の「こころ」を感じさせられる授業でした。彼女を先ず「認め」、次に「支え」、そして「自立」させ、それをクラスみんなのものにしたのです。彼女がまちがった瞬間、次の子どもに指名がなされたとしたら、それは違った「こころ」の場面を見たことでしょう。

四　「よく遊ぶこと」と「よく学ぶこと」

すこやかに育ち、すぐれた知性を持って欲しいという心をこめて「よく遊び、よく学べ」は、昔から親たちの素朴な願いでした。「よく遊び、よく学ぶ」ことによって、子どもが育っていくことは、子どもの自然の中でのありのままの姿を見ることのできた親たちは、おのずから理解されたことだったのです。今の親たちも「よく遊び、よく学べ」と言います。ところが、その通りによく遊ぶ子どもは「遊んでばかりいて」と叱られるのが実情のようです。

現在の親たちは、遊びを子どもにとって第一義のものとみなしていません。子どもが自然から離されたと同様に、親も自然から離されてきました。ありのままの素材や物事を見ることより、付加価値のついたものに取り囲まれた親は、素朴な目を忘れてしまっています。そして、子どもが本来の姿としてあるかどうかより、大人社会の価値づけに適応するかどうかで見ているのです。「よく遊び、よく学べ」ということが現実には、「よく学ぶために遊ぶのです」とか「遊んだのだから勉強しなさい」というようになっていないでしょうか。

・未知への冒険

四年生の智機くんは典型的な一人っ子です。争いを好まず、気が弱く、人なつっこいのに消極的で、いつも身ぎれいにしています。夏休みに入って、家で所在なげに日を送っているのを見かねた両親は「子どもキャンプ」に参加させてみようと考えました。急な思いつきでもあり、事前の下調べも検討もなしで、申し込みのまにあったキャンプに参加の手続きをしたのです。手渡されたシオリには、準備するものとして、着替え・軍手・切り出し小刀・米だけが挙げられていました。

三日目の昼すぎ、智機くんが帰ってきました。出迎えた母親は、「あっ」と一瞬絶句しました。智機くんは出かけたままの半ズボン姿で、外に出ている手足は泥やらススやら入り混じって見事に汚れ、ズボンのおしり、シャツの胸、背中も茶色に染まっているのです。声まで枯れて、すっかり疲れきっている様子でしたが、目だけはキラキラと輝き、母親の顔を見るなり、三日間の報告を休む間なしにしながら、リュックの中から様々の品物をひっぱり出していきます。興奮、感激のただ中にあるのが見てとれました。とりあえず、風呂に入り、きれいな下着に替えると、こんどは畳に倒れこんで、そのまま、たちまち寝入ってしまったのです。リュックから取り出したかなり手際の悪い品物を周りにちりばめて熟睡している姿を見て、母親には彼の満足感がどんなに大きいか胸に迫ってきました。事実、エネルギーの最後まで使い切ったかのようだったのに、あくる日少しの疲れも残さなかったのは、そのキャンプの体験が、智機くんの心と身体にかけがえのない満足と何ものかをもたらしたものと推察されます。

智機くんは三日間過ごしたキャンプに、なぜそれほど打ち込めたのでしょうか。そのキャンプは、言ってみれば「ないないづくし」のキャンプでした。何組か親子での参加もあったのですが、三日間、親子は完全に分離され、子どもは親の目の届かない生活であったこと。風呂なしで、ほとんどの子が着替えもせず、これ以上汚しようもないほど存分に活躍の跡がとどめられたこと。ハシなし、茶わんなしで、キャンプに到着してまず太い竹が渡され、茶わん、ハシ、コップなどを自分で作らなければならなかったこと。ナベなしで、大きな肉を与えられ調理しなければならなかったこと。むろん、テレビ、ラジオをはじめ、トランプ・ゲーム類・雑誌も一切なかったこと。その中で空が白むまでテント仲間と騒いだり、地面をはいずりまわってコースポイントを探したり、ハシや茶わんが作れず、夕食を手づかみで食べた子が、次の朝早く再挑戦して作り上げ、あるいはテント仲間が手伝ってとうとう全員の食器をそろえたり、おおきな肉をたき火に放りこんで手でちぎって食べたり、「ないないづくし」のキャンプは実に沢山の体験のつまったものだったのです。智機くんはその中で完全燃焼し、疲れ切って帰ったのです。

この体験以後、智機くんの生活の中に少し変化が見えてきました。自分で管理する時間を確保するとか、テント仲間との葉書のやりとりとか、自立の兆しが見え、形としてはまだ明確にはならないにしても、行動の意欲、自分への確信がおりおりに見られるようになったのです。子どもは大人の保護を必要とする存在です。同時に、大人の理解を越えたところに存在してもいるのです。このキャンプは、大人の側から企画されたものの一つではありました。しかし、結果的には子どもを損なうことなく、完全燃焼させることができました。この未知への冒険は、「よく遊ぶこと」と「よく学ぶこと」の関わりの一つの鍵を示す例といえないでしょうか。

「幼稚園じほう」１９８８・８　ＶＯＬ・16

第三話　幼児期にふさわしい生活

一　「保育者の願い」と「子どもの願い」にある狭間

二　子どもの主体性と保育者の役割（指導と援助の狭間）

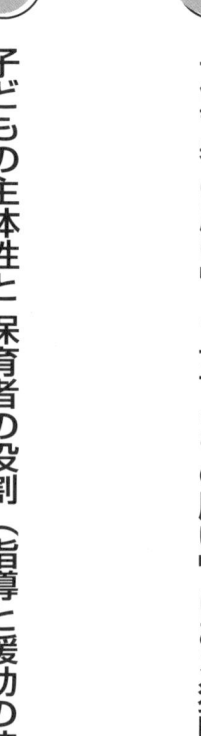

・はじめに

子どもたちは、子どもらしい願いを抱いて雨の日も風の日も元気に登園してきます。子どもたちは、自分の心の中にある願いを満たしてくれる場所であることを幼稚園・保育所に期待しているのです。この時、子どもにとっての教育の目的は、自分の願いを満たすこと、すなわち、遊びの喜び、創造の喜び、協力の喜びを体験できることなのでしょう。

幼稚園・保育所は、こうした子どもにとっての教育の目的を実現する場であることに他なりません。言い換えるならば、保育を子どもの側から規定していこう、より大胆にいうなら保育を子ども自身の活動の中に内在させようということになります。その意味で、幼稚園・保育所が子どもにとっての生活の場であり、しかもそこに、ごく自然な子どもにとってふさわしい自らの生活を展開する場が創りだされているか否かが常に問われなければなりません。

一　「保育者の願い」と「子どもの願い」にある狭間

・ボクハ　ロボット

幼稚園・保育所に通う子どもたちは、しばしば保育室において「学校ごっこ」をします。教師へのあこがれと期待なのかも知れません。その「ごっこ遊び」では、登場する教師は、なぜか口調が命令的で威張っていることが多いことに気づきます。もちろん、園における保育者の姿をそっくり真似ているのだとは思いません。しかし、少なくとも子どもたちが捉えている教師に対する思いの一端を表現していると考えられないでしょうか。

保育者は、日々子どもたちにさまざまな形で関わっています。そして、どのような関わり方がよい指導・よい援助といえるのかを考えています。ところが、実際の幼稚園・保育所生活において、保育者と子どもとの結び付き（人間関係）の中で無視されたり、押さえつけられたり、保育者の気分にふりまわされたりして困っている子どもが多いことに意外と気づいていません。

「家では、おしゃべりが大好きなのですが、幼稚園では一言もしゃべらないのです。

どうしたらよいでしょうか・・・・・」

と、県内の少年センターへ相談がきました。相談者である母親の話だと、幼稚園以外ではとても元気な男の子で、幼稚園に通う道々、あちこち寄り道をして近所の犬にも「バイバイ、行ってくるよ！」と話しかけたりするのだそうです。ところが、幼稚園に近づいてくると「身体を固くし、黙り込んでしまう」ということでした。この状況を聴く限りでは、「場面緘黙《かんもく》」の症例を思い浮かべます。場面緘黙とは、広義には言葉を発しないことですが、特定の場所・特定の人物に対してだけ選択的に出現し、家庭内では、語彙・構文・発語の自発性などは、全く健常児と変わらないといわれています。

早速、その坊やに会うことになりました。色々な種類の人形や自動車などのおもちゃを用意し、遊んでもらいながらの面接を始めました。彼は、次から次とおもちゃを触り、実に楽しそうに遊ぶのです。細かく観察していると、絶えず何かつぶやきながらおもちゃを動かしています。中でも、家のような模型を作り、そこに人形が近づくとはっきり「ロボット、ロボット」と聞き取れます。その模型の近くは、消防車やパトカーなどが囲んでいるのです。

「ロボットって、何?」と聴くと、「ボクハ　ロボット」と応えます。彼の遊ぶ姿や話から、彼は「幼稚園ではロボットにならなければいけない」と考えていたようなのです。母親から「幼稚園ではキチンとして、先生のお話を聞くときなんかはロボットさんになっていなければ、駄目よ!」と何度も入園前から聞かされ、幼稚園は「怖いところだ」と思い込んでいたのでした。だから、「ロボットは、鉄で身を固め、口も利けないけど、強い!」と考え、幼稚園に近づくと彼はロボットになり急に黙り込んでいたのです。彼が黙っていることの理由が分かってしまうと、

「何だそんな簡単なことだったのか」と笑い話になってしまいそうですが、はたしてそうなのでしょうか。この場合、母親の「ことば」による圧力だけでは、こうした思い込みは起き難いのではないでしょうか。彼が、保育者と出会った場面のいくつかにこうした母親の「ことば」を助長していく何かがあったのではないかを考えてみなければならないでしょう。

最近の登校拒否の子どもたちの中に、学校は戦場だと考え「いかに自分がつぶされないか、そのためには自分はどのように武装するかという、心の作業をして、自分の身を構えないと登校できない」と思い込んでいることもあるようです。先の彼も、このような心の作業をしているとは決めつけられません。しかし、親と保育者と子ども自身の関わりの中で、きちんと見極めるべき点は、まだ、まだ多くあり、幼稚園・保育所といえどもいつのまにか「戦場」と思えるようになる子どもが出てくるのではというのは、杞憂に過ぎるとは思えません。

・「与える場」と「生み出される場」

幼稚園・保育所には、小学校で見られる始業のベルはなく、時間割もありません。一人一人の子どもが登園してくると、その時点から子どもの生活がはじまり、その生活は降園までつづきます。しかし、そこでの生活が、子ども一人一人の主体的な活動によって「生み出される」場であると捉えるのと、知識・技能を中心とした「与える」場であると捉えるのとでは大きく意味が異なってきます。

前者では、活動は子ども自らが起こすものと考え、子どもにふさわしい生活が組み立てられていくでしょう。一方、後者では、活動は保育者が与えるものであり、子どもから見ればやらされるものとなります。子どもにとっては、自分の欲求・思いとはまるで違った「生活の場」が存在することになり、必然的に保育者と子どもの人間関係に混乱と相互不信の影が落ちかかってくるでしょう。

先の事例ほど、はっきりした形としては現れてきていないにしても、こうした相互不信や混乱は、ほんの少しであっても子どもが園で楽しく、生き生きと生活することを妨げてしまいます。そして、現実に多くの幼稚園・保育所で、こうした状況を抱え込んでいるのではないでしょうか。この相互不信と混乱を解くには、保育者の姿勢が問題となります。つまり、保育者と子どもの人間関係を含めた、子どもに対する見方や、関わり方、そこにつながる保育の展開、言い換えるならば「幼児期にふさわしい教育の実現とは何か」について、具体的実践を通して再検討することが迫られてきているのです。

ここでいう検討の基本的観点は、もちろん現在、施行されている教育要領・保育指針ということになります。この要領・指針の特徴は、「子どもの側に立つ」という視点で幼稚園教育・保育所保育が見直されたことだといわれています。しかも、見直しの中でも、子どもの側に立つ「生活の場」と「保育者と子どもの人間関係」の捉え方が、特に注目されているのです。子どもの側に立つ「生活の場」とは、子ども一人一人の生活を、まず「あるがままに受容」し、一人一人に応じる指導をすることでしょう。だとすれば、求められる「保育者と子どもの人間関係」は「与える」ではなく、「生み出される」ということになります。それに対する実現への第一歩は、子ども一人一人に寄り添い、一人一人が違うという当たり前のことをきちんと認識することでしょう。

二　子どもの主体性と保育者の役割（指導と援助の狭間）

一人一人の子どもを大切にし、彼らの遊びを見守り、子ども一人一人の持つ発達を援助する保育を行いたいとの思いは、保育者の誰もが持っています。子ども一人一人の興味や関心を無視して、一方的に同一の活動や課題を押しつける保育がよい保育だと考える保育者もいないでしょう。ところが、結果的には、そのような保育になってしまうことがないとはいえないのも現実です。それは、子どもの成長や発達をより豊かにしたいという保育者の願いが、ともすると子どもの生活を抜きにした無理な課題への押しつけになったり、指導過剰の保育におちいることがあるからです。また、保育計画にとらわれて、子どもたちにとっては保育者の指示に従う活動でしかない場合もあります。そのような各場面で保育者の心は確かに揺れ動いてもいます。それは、指導と援助の狭間で立つ位置への確信が持てないためでもあるでしょう。

・せんせい、出してもいい！

では、子ども一人一人を大切にするということで子どもたちをただ自由に遊ばせておけば、子どもは「育つ」のだという取り組みでよいのでしょうか。しばしば見うけられるのが、一人一人の主体性を意識し過ぎ無意識の内に子どもを放任しておいて、保育者が傍観者的になったり、何をしているのかの確認や安全のみに意を用いる楽観論的保育です。例えば、一人一人を大切にし子どもの主体性を生かした実際例として、次のような場面が想定できます。

年長組の保育室では、子どもたちが絵を描いています。二、三日前に近くの公園に落葉ひろいに出かけ、そのイメージを広げての活動です。十分も経つと描き終わったのか、周りの仲間を見ている子、立ち歩いてぶらぶらしはじめる子などが出てきます。保育者は、「頑張って、最後まで描くのよ！」と声をかける、「木の葉って、そんな色だった？」「もっと、濃い緑色じゃなかった！」と子どもたちの間を忙しく動きまわっています。すると、一人の男の子が大きな声で「もう、描きあがった。先生、出してもいい！」と保育者の前に「絵」を差し出しました。保育者は、その絵を見て「もう少し、ここを塗りつぶしなさい。空は青いでしょう、白いところが残っているわ」と無造作に指導されたのです。

二十分も過ぎる頃になると、保育室全体が「ザワ、ザワ」しはじめ、保育者は「最後まで頑張って描くのよ」と同時に「描きあがった人は、持ってらっしゃい」と子どもたちに声をかけ、持ってきた子どもの「絵」の裏に名前を書き、「外で遊んでもいいよ！」と指示しています。ところが、最初に「描いた！」と声を挙げた子どもは、まだ自分の描いた「絵」の前に座っているのです。しかも指摘されていた箇所は白いままなのです。ついに彼が泣き顔になったところで保育者は気づき、「もう、いいよ」と許されたのでした。

子どもたちが絵を描く、制作する、ペープサートを使って劇的遊びをするなどは、どこの保育室でもよく見られる活動です。これらの活動は、明らかに主体的な自己表現活動であり、子どもの自由で感性的な活動として受けとめられています。しかし、子どもの主体的な創造的努力はどこまで認められるべきものと考えられるでしょうか。

先に見た保育室の事例には、指導と援助の狭間にある溝をみるような思いがしないでしょうか。なぜなら、「描きあがった！」と「最後まで、塗りつぶしなさい。空は青いでしょう。」との間には、単に、保育者と子どもという距離ではなく、創造性における主体的な活動と指導過剰な保育統制との距離が感じられるからです。すなわち、子どもの「描いた！」は主体的な創造活動をやりとげた満足感を意味し、保育者の「塗りつぶしなさい。空は青いでしょう。」は「絵」はまだ未完成であること、完成された「絵」、よりよい創造的作業のために有効な指導が必要との表明だからです。絵を描くということは、明らかに主体的な「表現活動」です。しかし、保育者にとっては、子どもの限られたイメージは、その内にある才能の未成熟さの相対的指標に見えることがあります。そこで、指導という統制的な形をとりたくなるのです。たしかに子どもたちにまかせておくと、まわりの限られた素材を頼りに絵を描くことが多いのも事実でしょう。

しかし、この「主体のあり方に焦点」を与えることこそ、指導と援助の狭間を埋める、つまり「育てること」の働きかけから「育つこと」への働きかけの具体的内容に他ならないのです。なぜなら、従来子どもの「活動」や「表現」に対して与えられた「主体性」は、保育者の持つ文化的枠づけや価値づけから支えられていた「育てること」への働きかけを基盤とする保育だったからです。「育てること」の働きかけから「育つこと」への働きかけの転換は、「主体のあり方」であると同時に、そこにおける「活動」が、子どもの生活の中に位置づき、望ましい方向に向かって自ら活動を選択し展開していけるように援助する保育者の問題だったのです。しかし、そうだからといって質的内容の濃い活動になるには、もちろん「ただ保育者は環境を構成して、子どもに活動させればよい」ということではないのです。

その意味で、子ども一人一人を大切にし「幼児期にふさわしい教育の実現」のためには、保育者の役割が従来の時代よりずっと重くなってきているのです。

かけたよー

第四話　生きる力を育てる
―子どもの日常的な現象世界からの検討―

一　生きる力と感性

二　「生きる」ことへの重さ

三　子ども像の変化と生きる力

・はじめに

私たちは、幼い子どもたちの教育に一生懸命になっています。過去のどの時代に比べてもこんなに一生懸命の時代はなかったのでは、と思われるくらい保育者、教師も親も頑張っています。ところが、子どもたちの現実の状況は「親や保育者、教師が一生懸命になればなるほど逆方向に向かっているのではないだろうか」と思わせるような事例が増えているようにさえ感じます。

ここでは、子どもの引き起こすいろいろな事例に学びながら子どもが「生きるとはいかなることか」を考えてみたいと思います。なぜなら、それが「生きる力を育てる」第一歩だからです。

一　生きる力と感性

・「豊かさ」と「感性」

二歳になる子どもが、団地の児童公園の中にある砂場で、窒息死する事件がありました。一緒に遊んでいた子どもたちに砂を飲まされたのです。この事件は、子どもたちの「いのち」とか「生きる」とかいうことが、豊かさの中で気づかれないまま阻害されてしまったものが、はっきりとひとつの形をとったと考えられます。

子どもたちを取り巻く環境の変化の要因は様々にあります。とりわけ、豊かさゆえの自然環境の変化は、質・量ともに、決定的なものになっています。原っぱ、空き地、道路など、身近な遊び場を子どもたちは取り上げられてしまいました。代わりに与えられたものは児童公園です。たしかに、失っただけの広さと空間は、大人の手で確保されました。しかし、問題は、そういうことではありません。かつての子どもたちの遊び場は、子どもたちだけの生活の場でもありました。つまり、子どもたちの自由裁量のきく空間であり、同時に雑草が生え、雑木が生い茂り、虫がいて、石ころが転がっていて・・・・、わけの分からないアナーキーな空間でもあったのです。

そうした空間の中で繰り広げている遊びですから、整ったものといったわけにはいきません。むしろ「無秩序なもの」「未知なもの」に、子どもたちは、自分の手で触れ、自分自身で覚えこんでいく、それが毎日の生活でした。そうした体験を失ってしまうことになったのです。

子どもたちが、何かを体得することはきわめて貧弱になってしまいました。そして、目の前にあるものがどういうものなのか、たとえば、砂は食べたり、飲んだりするものではないということさえ認識できなくなてしまっている子どもの出現です。さらに、ひとりの「人間」の「いのち」が目の前で消えても、気づくことができなくなってしまいつつあるわけです。

この子どもたちは、毎日砂場で遊んでいながら、感覚を通して、砂を砂として認識することができていなかったのです。自分の感覚を、砂に対して閉じてしまっていたのです。その原因は、彼らがいつも自分の感覚で確かめる必要のない「豊かなもの」「安全なもの」しか与えられていなかったからではないでしょうか。いい代えれば、この子どもたちは、豊かさを十分受けとれる生活の中で、人間的な感覚を研ぎ澄ますことを忘れてしまったのです。呼吸がとまり、顔色が変わったことの異常さを感じとれないほどに、子どもたちの「いのち」や「生きる」ことの重さに対する感覚は、鈍化させられてしまったといえるのです。

・「内なる自然」と「感性」

いつだったか、自然の中での象の出産シーンが放映されたことがありました。象が立ったまま出産をするので、かなりの高さから産み落とすことになります。残酷とまではいいきれないものの、地面に投げ出される子どもが痛々しく感じられました。ところが産み落とした瞬間に、母親象はあの大きな重そうな足で、器用にそして丁寧に子どもに付いている羊膜を取りはじめるのです。取り終わるとこんどは長い鼻で、子どもに立ち上がるようにとしきりに促します。それに応えて子どもが何回かの失敗の後にようやく立ち上がると、そのままですぐにお乳が飲める位置に母親象が近づいてきて立っています。感動してしまいました。

この感動と少し違ってはいますが、同じ番組で放映されたなかで、やはり強い印象を受けたものに、病死や事故死した子どもの遺体をいつまでも抱き続けているニホンザルやチンパンジーの母親の姿がありました。時には、子どもを失ったショックから何も食べなくなり餓死にいたることもあるとの報告が研究書等にも多くみられます。これらは、生死を概念として持たない生物でも、全ての生物が本来持っている

「内なる自然」の為せる姿なのだそうです。

一方、私たち人間の世界では、先の事例ばかりではなく、生まれたばかりの赤ちゃんをロッカーに捨てる、トイレなどに産み落としたまま放置するなど、「母性・父性の喪失」・「親子の絆」などについても考えざるを得ない出来事が増えています。死の概念を持たないと考えられている先の動物たちの姿と比較して、この事実は何を意味するのでしょうか。

日本モンキーセンター所長である河合雅雄氏の著書『子どもと自然』(岩波新書・1990)に「誰もが普遍的に母性愛を内在的に持っている。しかし、生物の中で唯一の反自然的な存在である人間は、この真情を牢獄に押し込め、旋錠してしまうことができる」という言葉があります。河合氏は、人間が二足歩行を始めたこと＝反自然的、内在的な母性愛＝「内なる自然」との説明をされています。

先ほどのような人間の引き起こしているいくつかの事実を、この河合氏の指摘に重ねてみます。人間が二足歩行を始めたことは、より高度な文明、文化を創りだすことへの踏み出しでもありました。しかし、二足歩行という反自然の選択は、生物本来のものとして引き継いだはずの「内なる自然」との訣別の方向でもあったのかもしれないと思えてきます。今はまだ「内なる自然」を捨て去ってはいないのでしょうが、旋錠を解く鍵を錆びつかせていたり、鍵を持っていることに気づきもしなくなっていることは十分考えられます。

このことは、先の事例に見たように子どもの世界にも影をおとしています。今、子どもたちは外界に対する細やかな「気づき」に欠けるといわれています。五感の反応が大雑把で鈍く、強く激しい刺激には反応しても、弱く穏やかな刺激には応えないと警告する研究者もいるほどです。外なる五感が鈍くなれば、内なる五感といえる感性の働きも弱くなります。もちろん逆向きの連携もまた然りなのです。まさに「内なる自然」への気づきが問題となることを意味しているのではないでしょうか。

二　「生きる」ことへの重さ

次に、皆さんもまだ記憶に新しいと思いますが、数年前中学二年生の少年が自分の祖母、父親、母親を刺し殺すという事件がありました。この事件がセンセイショナルな形で捉えられたのは、三人に対する刺し傷の多さとその方法が確信犯的だったことのようです。普通、自分の身内に対する犯罪の場合、ためらい傷が考えられるのだそうですが、この少年には全くその状況がなく、また彼自身の気持ちの中には「殺したのではなく、死んでもらった」ということのようです。彼は、彼をいちばん愛してくれた祖母を両親よりも多く刺していました。多くの人は、「なぜ、いちばん愛してくれた人なのに・・・、わからない」という反応でした。しかし、この少年は憎しみではなく一番愛し、優しくしてくれたからこそ刺したのです。自分が悪いことをしてしまったから絶対生き返ってはこまると思ったのでしょう。この少年は、決して異常ではなく正常な判断をしているのです。少年は、追い込まれてしまったのです。ごくありのままに生きていたかったのに大人におびえさせられ、それが限界にきたところで自殺をするか、相手を殺すか、という判断に迫られたのです。

少年は、家族の全てに愛され、自分に対する期待の大きさというものは、いやというほどよく分かっていました。自分をとても愛してくれている。しかし、愛されれば愛されるほど、この家族が言っているとおりには、その期待どおりには自分はもうこれ以上は応えられない。彼自身は「こんなに愛されているのだから、期待に応えなければならない」と思う、ところが現実は、必死で努力しても「家族の望む成績向上への期待には応えられない」ことが分かり、悲しくなってきた。そうすると、自分はどうすれば一番よいのかと真剣に考えた結果、「期待に応えられなければ死んだ方がよいのではないか」と自分で思うようになったのです。そこで、この世の中から自分を抹殺しようと思ったのです。けれども、自分だけが死んでしまうと残された家族の人たちが悲しむ。だから、少年は愛する家族も一緒に死んでもらうことによって、少年に対する期待を一生懸命持っていたそのような気持ちを「がっかり」させることがないだろうと思って、その通り実行し、この事件は引き起こされたのです。

この事例は、一生懸命さの中身に「ズレ」があることで、また「ズレ」た一生懸命さゆえにむしろ本来子どもが持っていたかも知れない「こころ」を壊していることの「無残さ」を示唆しています。私たちは、いつの間にか人間という絶対的価値であるものを相対的価値に置き換えて考えるようになってしまったのでしょうか。子どもを勝手に操作し、大人の手の中で育てることに熱中し、子どもたちとの間に「ズレ」ができていることに気づかないまま教育していることが多くあるのではないでしょうか。一生懸命教育することは決して悪いことではありませんが、その一生懸命さゆえに特に「何かをさせなくてはいけない」「何かを指導しなければならない」と考えることによって、子どもたちを身動きできない状況に追い込んでいる可能性、むしろ子どもたちの「生きる力」を壊している可能性があることに気づかなければなりません。

三　子ども像の変化と生きる力

一生懸命さゆえに引き起こされたとも思える事例を生み出した背景は、子どもを絶対的価値のあるものから相対的価値へと移行させたことにあります。子どもを絶対的価値から相対的価値へと移行させることになったのは、格言的な言い方を借りるならば「子どもは神からの授かりものである」という時代から、「子どもは生み出すものである」という時代の変化の中に見ることができます。

最初は、「粘土」というモデルでした。子どもたちは非常に可塑性《かそせい》に富んでいる、そしていかようにも形づくることができるという考え方です。この粘土モデルという考え方には、一方で製作への志向もあります。だから、さわってもいいし、さわって十分に外部から働きかけることによってよりよいものに変わるだろう、という考え方もでてきます。すると次には、こんなに変わるのだから、もっときちんとした製作をすることが必要ではないか、いやよい製作にはもっと手を加え、技術的にも高度に操作した方がという形で「可塑性のもつよさ」よりも製作の側に心が向けられてきます。その結果は、子どもが作品となり、教育の場や子育ての場が作品展の様相となっていくことになります。

粘土モデルによって教育や子育ての場が混乱すると、次のモデルが登場してきます。それは「植物」モデルという考え方です。その考えの根拠は、子どもたちは、もともと自発的に成長する力を持っているというものです。言い替えれば、その力と働きさえうまく発現させてやれば、自然に子どもは伸びてくるというものです。ところが、自発的に成長する力を持っているという認識でスタートするのですが、この植物モデルは、さわらず見ていればよいことだけが先行し、やがて放任の状態が生まれ、枯れるという状態をも生み出すことさえあります。そこで、枯れるのはおかしいのではないかということで「栄養」をやらなければならない、という考え方に至ります。これが最終的には「成育モデル」へと変化し、製作モデル的なところを批判しながら、結局は、枯れるのではないか、もっと成長させることができるのではないかという「栄養」の研究方向に形がズレていってしまいます。そのズレは、植物は指示なしに自分の力で育っていくと言いながら、実際には指示（高度な栄養）がないとうまく育っていかないという理由づけによって製作モデルと同様の問題が生じていったのです。

粘土モデルから植物モデルへの変化は、同じことの繰り返しをしたに過ぎなかったわけです。ところが、両モデルの後に登場したのは、先のところで述べた科学的なシステム化の進行と共に子どもたちの成長・発達過程も明らかにされたということでの「動物」モデルです。子どもたちの成長・発達のメカニズムが明らかになればなるほど、むしろ従来よりもっと安心して親や教師は、子どもの育つ過程でもっと適宜な、いわば正確なボタン押しで効率よく育てることができるかのごとく飼育モデル的様相になってきたのです。粘土モデルから植物モデルまでの間では、子どもたちはそれなりに追い込まれてはいたのですが、まだ自由があったのです。しかし、育つ過程のどこでもボタン押しがされはじめると、子どもたちは「もう、やめて！」「もう、けっこう！」と言い出しはじめたのです。それも知性の部分だけでなく、感性の部分にまでも入り込まれ、子どもたちの復讐ともとれるような抵抗の兆しが見えはじめたのです。

先の事例もそうですが、昨年の文部省児童生徒問題行動実態調査によると登校拒否・不登校の子どもたちの数は、４万人を越えようとしています。子どもたちは突然立ち上がってきて、「あんた！今まで嘘をついてきたやろう。今まであんたの言うとおりにしてきたけれど、ぼくの生き方がどこにも見つからない」「勉強だけしていれば大丈夫と教えてくれたけれど、ぼくの生き方がどこにもない」と真剣に訴えてきはじめたのです。

・おわりに

私たちは、子どもたちとの間に何か不調和なことがでるたびに「粘土モデル」から「植物モデル」「動物モデル」へと操作しながら移行を繰り返してきました。ところが現実の状況は、この操作という認識の仕方を変えることだけでは覆いきれないほどの「ズレ」が子どもたちとの間にできてきたのです。子どもは操作できるという相対的な価値の考えにピリオドを打つときがきているのです。人間は絶対的な価値をもっているという当り前の認識に返り、子どもを真に操作できない「人格モデル」として捉え、「内なる自然」を揺り動かし、磨き、子どもたちのあるがままの姿を受容し、あるがままに対して援助し、支えてみようと考えなければならないところに私たちは立たされているのではないでしょうか。

「幼稚園じほう」1994・4

第五話「思いやりの心」を育てる

一　教えて・・・・

二　思いやりと知識化された心

三「つらさ」に向き合う

・はじめに

小学校や中学校を訪れると、必ずと言っていいくらい「思いやりのある人間になろう」とか「心の温かい人になろう」などの教育標語が目につきます。現代ほど「〝思いやり〟が声高に語られる時代」はかつてなかったのではないでしょうか。学校だけでなく、社会のあらゆる側面で大人にとっても子どもにとっても、まさにこれこそが、人間関係での第一義の命題であるかのように見えます。しかし必要とされているということは、我々の「今」がいかに「思いやり」に充たされていず、いかに人と人との関係が希薄になっているかの裏返しと読まねばならないのではないでしょうか。昨今の「いじめ」にともなう痛ましい事件が続く状況の中では、特にその念は強くならざるを得ません。

それでは、「思いやりの心」とは、教え育てることのできるものなのでしょうか。この稿では、私が出会ったいくつかの事例を通して、この問題について考えてみたいと思います。

一　教えて……

大学に勤めていたときのことです。一人の学生が幼児教育の研究室に「僕、幼稚園教師に魅力を感じているのですが、授業を受講してもいいですか」と言ってきました。Aくんです。幼い頃脳性麻痺を患った彼は、手足が不随意に痙攣《けいれん》します。そのため、書いたり歩いたりをはじめ、言葉もやや不明瞭なところもあって日常の生活行動にはかなりの苦労があるようでした。生来の負けん気と陽気さで小学校・中学校・高校と普通学校で頑張り、その間に出会った教師の姿に惹かれ、教育学部を選択して、中学校の数学教師を目指しているのですが、幼児にも興味があり、幼稚園教育の勉強もしたいということだったのです。

彼は授業だけでなく、家庭にも出入りするようになって、家族とも親しくなっていきました。ある夏休み、船で北海道へ出かける息子を、港まで送っていくことがありました。待合い室は北海道の夏を楽しもうという若者が賑やかにあふれています。息子は乗船券を買いに売場に向かったのですが、すぐに引き返してくると困惑した様子で「Aさんが汗びっしょりで切符売場の近くにいる」と言うのです。急いで行ってみると、確かにAくんが乗船券売場近くでリュックを背にしたまま上向きに倒れたような格好でいたのです。何をしているのか声をかけました。港に来る道で迷い、歩き疲れ、やっとここまで来て並んではみたものの疲れがひどく横になってしまったというのです。しかも、その売場の列に1時間近く横になったままいたのでした。

　私が汗で濡れた彼のズボンのポケットから財布を取り出し、やっと乗船券は買えたのですが、何だか怒りと寂しさがこみあげてきて思わず「周りの人に声をかけて乗船券を買うよう頼まなかったの？」と問いつめると、「たくさんの人に声をかけたのですが、残念ながら・・・。」多くの人が、彼の順番に気づきながら知らぬ振りで自分の乗船切符だけを手にしていたのです。

　これは見過ごせません。「君の順番を抜かした人は、この待合い室にいる？」と聞くと「うん！」といって、幾人かの若者を指差しました。私と彼を、その人達は見ていたようです。やはり、順番を抜かしたことへの後ろめたさもあって、遠巻きに彼のことを見守っていたのでしょう。息子と手分けして、指差された幾人かに彼のいる処にきてくれるように頼むと、素直にやってきて「ごめんなさい。どうしてよいのか分からなかった。」といいます。一人が「頭では、『思いやりの大切さ』は分かっているのだけれど、いざ現実に『困っている人』を目の前にするとどうしてよいのか・・・・・とにかく、教えてもらわなかったものなあ！」というと、なぜかほっとしたようにお互いに顔を見合わせながら「そうやなあ、そうやろう、すみません」と謝ったのでした。

二　思いやりと知識化された心

これをきっかけに、Aくんはその若者たちと意気投合し、楽しく一緒に旅行ができたとのことでした。北海道土産を手に研究室にきた彼が「正面から向き合って、共感的人間関係の中でお互いを越えるコミュニケーションができないとだめですね」といった言葉を忘れることができません。「思いやり」という言葉の表面的な理解を具体的な理解へと押し進める足がかりがここにあるからです。私たちは「思いやり」が人間にとって最も大切だと分かっています。ただ、お互い人間なのだから「心は通じ合い、わかるはず」という安易な思い込みを基にした、表層的な理解ではいかに無力であるかを、Aくんの切符事件（?）はまざまざと見せてくれたのです。

また、幼稚園に就職した教え子がやってきて「もう、最近の子はかないませんよ、もう、いや！」というのです。詳しく話してもらうと、

「この間、いつものように花をクラスに持っていって生けたんです。『きれいでしょ?』ってたずねると、『きれい！』。まあ、ここまではいいんですよ。だれかが、『せんせい』っていうから、なに気なしに『なあに?』って。そしたら、『その花はね、帰化植物っていうんだよ』。で、私は聞いてみたんです。『帰化植物ってなあに?』『えー、せんせい知らないの? アメリカから、むかし、むかし、日本に入ってきた花でね。日本で定着したものを、帰化植物っていうの』と、こうなんです。ほんとうにそういうんですよ。すると、また別の子が『あ、私も知っている、帰化植物のこと知っている』。しょうがないから『なにを知ってるの?』って聞いてあげたら、『この花、漢方薬になる！』・・・。すごいでしょ。もう、ホントにいや！」ということだった

のです。

これは、小学校の高学年の話でも、中学生の話でもありません。まぎれもなく幼稚園。「帰化植物」も「漢方薬」も園児からの言葉なのです。びっくりもしましたが、それ以上に胸が痛くなりました。たしかに一面から見れば、彼らは賢く、知識豊かだ、といえなくもありません。「帰化植物」「漢方薬」、漢字ばかりの言葉を幼稚園に通う幼児が使うのですから、「えらい」「かしこい」と感心してしまう大人は、けっして少なくはないのです。わが子にむかって「心優しい人になって欲しい、かしこい子どもになってほしい」という親は過去のどんな時代よりも多くなってきて

います。このような親は、とても真面目で、優しく、子どもに関わる全てに真剣です。「子どもたちの心を育てたいと思って、頑張っている」のです。しかし、その熱意は時として表面的な教え込み、詰め込みに傾きがちなことには気づいていない。知識化された「心」や教え込まれた知識の統合を「発達」と見誤ってしまうと、先のAくんの例でお分かりのように具体的な場面では何もできなかったりします。子どもの内面から創り出されてくる世界だけが、思いやりの心を育てる基盤であると考えるべきではないでしょうか。

三 「つらさ」に向き合う

学生時代のことです。重い知恵遅れの子どもたちが生活している集団教育施設に冬休みの二週間ばかりお世話になったことがありました。

そこでは、生活習慣を自立させることを中心にプログラムが組まれており、そのお手伝いをしながら「子ども理解」を研修することが目的でした。連日、先生方から指導を受けてトイレット訓練などを見よう見まねに頑張っている内に、心の中で「よいことをしているのだ」・「自分には思いやりの心があるぞ」という慢心した『思い込み』が少しずつ強くなり、きっと今に誉められるに違いないなどと考えはじめていました。そんな折、園長先生から「そろそろ泊まってもらおうか。子どもたちと一緒に寝ると、子ども理解に近づけるかも知れないから」と声をかけられ、「はい、やらせてください」と即座に答えました。自分の姿が、自分の思いやりの心が、認められたと有頂天になった気持ちだったのです。

泊まりの日、先輩からの「就寝中におもらしをする子もいるから、しっかり注意してお世話しろよ」との忠告にも、「わかっています」と張り切って泊まりの役につきました。深夜十二時を過ぎた頃、近くに寝ていた男の子のパンツから臭いがしてきます。早速、仕事、仕事となぜか張り切り、男の子を抱き上げ「よし、よし、いまきれいにしてあげるからね」と小声で話しながら、水洗い場に連れていきました。水道口の側溝に男の子を立たせ、パンツを脱がせて洗っている、その時です。突然、頭から冷たい水が降ってきたのです。「冷たい、誰だ、何をする！」と大声を挙げ、振り向くと、そこにバケツを持った園長先生が恐い顔で立っておられたのです。「冷たいだろう。それが分かればいいのです」と一言、そして、湯沸かし場のお湯を急ぎ取ってくるように指示されたのでした。私には「裸になることは、寒くて冷たい、水より、お湯を使うと気持ちがよいだろう」という、「思いやり」以前の最も単純な常識すら浮かびもしなかったのです。まして、自分の思いを言葉で出すことが難しい子どもたちです。冷たいと心で感じていても、決して「冷たいよ！」など言えないのです。バケツの水を浴びて、はじめて「冷たかっただろうな」と気づくなどもってのほかの状況でした。ところが私は、深夜このような指導をしているのは「自分だけだ！」と、「平気で子どものおしりを裸にし、冷たい水で洗い『つらい』思いをさせている」ことなど全く念頭になく、子どものために「自分はよいことをしている」としか思っていなかったのです。

明くる朝、園長室で「自分探しは、できましたか?」と尋ねられ、先生は私の「自分は、よいことをしてるのだ・思いやりの心をもっている」といった、『独りよがりの慢心した思い込み』に気づいておられたのです。子どもに対する理解や「思いやり」

の考え方に甘さがあることを、研修態度から見抜かれ、自ら気づくようにと泊まりの役を回して下さったのでした。先生は、「深夜、水洗い場で音がしたとき、頑張ってるなあーと心から敬意をはらったけれど、その指導には共感できなかった」と、そして続けて「水をかけた時はボクもつらかったのだけど、君と子どもとがお互い『つらさ』に向き合って欲しかったからね」とも言われました。つまり、思いやりの心を本物に押しあげるには、「子どものために指導する」と考えるのではなく、「子どもと共に、お互いが向き合って」考えることが大切であることを話され、子どもの姿に心から共感することを求められたのです。

・おわりにかえて（子どもと保育者・教師の共感的理解）

「思いやり」という行動は、社会行動の一つと考えられます。すなわちこれは、人に生まれつき備わっている行動ではなく、人が人との社会の中で育ち、様々な人とのふれあいを体験するプロセスで、次第に学んでいく行動なのです。また、思いやりの基礎は、他者と「共感する」心情と、画一的な見方にとらわれない「受容する」態度の二つの心の働きにあることも見えてきました。

思いやりが人と人とのふれあいの中で育つものであるとすると、保育者・教師や親が思いやりのある行動をとるのを見て、それをモデルとして、いつのまにか子どもの中に思いやり行動が学ばれていく場合が多いと考えられます。とくに、幼稚園や小学校の低学年あたりでは、保育者・教師が子どもにどのように接しているかが日常の子どもたちの行動や態度の上によく現れているものです。

そのために、保育者・教師はいつも「子どもが見えているか」と問い続けなければなりません。私たちは、特に意識して子どもを見ようとしなくても、いつでも視野の中に子どもがあります。ゆえに、いつも子どもを見ていると思っています。たしかに、見ているけれども、その多くは無意識に自分の考えに引き寄せて客観的に見たり、測定的に見たり、批判的に見たりしていないでしょうか。そして、たまに解釈的な見方をはさんでは、昔の子どもと今の子どもは違うとか、大人の価値判断をそのまま押し通そうとしていないでしょうか。「子どものために」という見方に縛られてしまっていることに気づいているでしょうか。しかし、これでは、子どもにとっての問題が何であるかは見えてきません。子どもの今を、あるがままをまず認めてやる。そして、その子どもと同じ次元に立って考えてみる、つまり「子どもと共に」という角度からでないと、子どもの真の姿は見えてこないのです。そのためには、まず子どもを徹底的に肯定しなければならないのです。誤解されては困りますが、子どもを客観的に、あるいは批判的に、測定的に見ること、解釈することを否定しているのではありません。物事を正しく認識するには、こういったことは必要です。ただ、私たちは「子どものこころ」を育てようとするとき、「子どもと共に」という「共感する心」を忘れていたのではないでしょうか。「共感する心」を欠いたまま、子どもを理解したつもりになっているのではないでしょうか。

保育者・教師にとっても「子どものために一生懸命」は、とても大変そうに思えるのですが、実は、逆に楽なのです。というのは、「ために」は、保育者・教師の側からの一方的な教育を意味しているからです。「共に」というのは、子どもと一緒に保育者・教師も同じ次元に立って考え、お互いが向き合って悩まなくてはならないのです。つまり、「共に」は、子どもにとっても、保育者・教師にとっても、とても「厳しい」ことなのです。「思いやりの心」をはじめとして「子どもの心を育てる」とは、保育者・教師と子どもの厳しい共感的理解の上に立った、まさに「共育」から出発することといえるのではないでしょうか。

「幼稚園じほう」1995・9

第六話　子どもが創り出す遊び
―遊びの楽しさの背景を考える―

一　二つの汗

二　「あそぼ！」から「あそべる？」へ

三　幼児期の論理思考と遊びの「楽しさ」

四　幼児期の遊びと学習

・はじめに

子どもたちが砂場で遊んでいます。一人の女の子がトコトコと側にやってきました。「おだんご！」そういって、砂をいっぱいに詰めたアイスクリームの容器を差し出してくれます。「ワアーおいしそうだね」といって食べる様子をすると、女の子はとてもうれしそうに、次から次へといろんな「おだんご」をつくっては、差し出してくれます。

わずかな時間であっても、心のふれあうときをもつと、子どもは、その小さな時間と空間の中に独自の世界を開いて見せてくれます。「おだんご！」と差し出されたとき、ほんの一瞬でも、「これは、土だ、単なるママゴトだ」とためらってしまうと、もう二度とその心を開いて見せてくれようとはしません。日常の大人にとっては本当になんでもないことがらに、子どもたちにとっての非常に意味のある世界が開けているのです。

一　二つの汗

子どもの心と体を成長させ、伸ばすのに、子どもの遊びは非常に重要な働きをします。その遊びが健在であったときには、そのことは特に注目されていませんでしたが、それを失った子どもの世界に破綻が生じはじめました。そこで改めて、その重要性を見直し、その再構築という提唱がなされてきたのです。これ以上遊びを衰退させないとの決心を足場にしなければなりません。

現実には、子どもにとって遊びが、それほど大切なものなら、なんとかそれを体験させたいとの思いで、遊びや自然体験の指導者を招き、子ども祭りや自然体験ツアーを計画したりするなどして、様々な子どものための催しを実行したり、子どもを参加させる熱心な親や教育関係者も少なくありません。こうした要望をいち早く受け止め、遊び塾、冒険学校、サバイバル教室等、体験学習の機会は様々な形で用意され、皮肉にも遊び加熱時代、子ども愛護時代とも名づけたくなるほどの様相を一面では呈しています。しかし、このような形での体験なり遊びなりで、子どもと大人の双方が満足しているなら、それは別の形での危機へ傾斜していくでしょう。子どもの遊びが表層的にしか捉えられていないからです。

子どもが体験するということは、子どもの生活そのものであるはずです。日々を生きていく中から必然的に出会うさまざまな状況に自分を投げ込み、自己実現をめざして心も体も存分に活動させ汗をかく、そういうことであるはずです。遊びは、「やりたい」という気持ちに支えられてまさにそうした体験であることで、子どもにとっての意義があるのです。自分がやりたい、自分の手で選んだ、そのことで遊びは知力・体力を絞ってやり抜けるし、充実でき、それを経て「知恵と力」が身につき「生きる力」へと育つのです。大人が伝え、教えなければならない「遊び」などは存在しません。一人一人の子どもが生きていくことの中で、遊びは創り続けられるものとして存在しているのです。管理され計画され見通された遊びや体験も一つの契機にはなります。しかし、それ以上に子どもたちを「与えられる」「支配されている」状況に甘んじさせるとなると、その功罪はいうまでもないでしょう。指導によって、体に汗をかくこと、体力・技術・知識を増すこともできるでしょう。しかし、心に汗をかく、つまり精神を揺れ動かす、感情に衝撃を与えるほどの体験は、受け身からは出てこないのです。

二「あそぼ！」から「あそべる？」へ

かつての子どもたちは、遊ぶために目をさまし、遊びに疲れて眠りにつくといわれました。彼らは生き物を育て、捕らえ、それらを友として一緒に遊んだのです。そこに自然への畏敬、いのちの尊さ、さらには自然の美しさや季節の移り変わりなども学んだものでした。ところが今や、近隣の子ども集団は崩壊し、自然という友を失い、子どもたちに「遊べない」「遊びたくない」という遊びへの忌避さえ生まれてきています。


「きょう、あそべる？」

「あかん、ピアノの日」

「きょう、あそべる？」

「わからん、おかあちゃんに聞いてみる」

「きょう、あそべる?」

「ともこちゃんと、もう、やくそくしたもん、だめ!」

これは最近、幼稚園でのお帰りの時にしばしば見られる子どもたちの様子です。遊びの予約という問題は、数年前から各地で見られるようになってきたもので、小学生や中学生たちの間で、お昼近くになると『放課後の遊びに「予約」の取りつけがはじまる』というものでした。塾やおけいこごとで忙しく、予約しないとお互い合う時間がつくれないという子どもたちが、しかたなく編み出した苦肉の策だったのです。しかし、この「予約ごっこ」ともいえることが幼稚園に通う子どもた

ちにまで浸透してきたことを実感させる出来事に出会うとき、幼児期の遊び世界の様変わりに驚くとともに不安がよぎります。というのは、「きょう、あそべる?」と尋ねる子どもに、「もう、やくそくしたもん、だめ」という答え方が出てきているからです。

遊びの楽しさは、近所で、たまたま出会った友だちと〝あそぼ!〟というところからはじまり、思いもつかない驚きや体験、また友だちのよさが発見され、人間関係の幅も広がっていくことにありました。ところが、この予約ごっこは〝あそぼ!〟ではなく、〝あそべる?〟と呼びかけます。〝あそぼ!〟から〝あそべる?〟への変化は、何を意味するのでしょうか。〝あそぼ!〟には子どもたちの遊びへの意欲が見えますが、〝あそべる?〟にはその希薄化とともに、人間関係の忌避をも感じさせるものがあります。「予約」という大人社会の通念が、子どもの遊びの世界にまで持ち込まれてくるということは、遊びそのものの閉塞だけではなく、遊びの楽しさまでもが管理、閉塞させられているのではと思います。子どもたちの心身から、子どもらしい生気やエネルギーが奪われ、もはや子どもたちは心に汗することができなくなっているのでしょうか。

三　幼児期の論理思考と遊びの「楽しさ」

子どもが子どもであることは、いのちを伸ばしていくことにあります。いのちは、人間形成の根幹を流れる「生きる力」です。この「生きる力」は、子どもが無心に遊ぶ姿のうちに育っていくものです。子どもが自分の見つけた遊びの世界に入り込み、夢中になっているときは、大人や保育者から見れば、無意味だったり、つまらなく見える行動であっても、大変ご機嫌であることに気づいておられると思います。表情は明るく、真剣で、言葉はやさしく、姿も安定しています。また、慎重なあるいは引っ込みじあんな子どもが気に入った遊びの中では、大胆な思い切ったふるまいを見せてくれることもあります。

しかし、私たち大人や保育者は、子どもたちの遊びをすべて予測したり知り尽くしたりすることはできません。子どもたちは、大人や保育者を超えて様々な遊びを展開していきます。大人や保育者は、子どもにとって遊びというのは何か、どのような面で必要か、遊びそのものの特性とは何か等々知りたくなりますし、知る意味もあります。

ところが、その遊びを知るということは、なぜか遊びの形や展開される活動に目が向きがちです。子どもたちが「心から楽しそうだ」という点には目がいき難いのです。もちろん、子どもの気持ちや欲求や興味・意欲など一人一人違っていることを知っていますし、教え込むことではないことも知っています。にもかかわらず、遊びの形や活動の結果に陥りやすいのです。

この陥りやすい考えは、どこから来るのでしょうか。おそらく、大人と子どもの距離を直線的につなぐ発達観がもたらしているのではないでしょうか。つまり、子どもは大人に最短距離で近づくことがよいことであるという考えです。その考えで子どもたちを見ると、どうしても大人と比べるために未発達、未熟、未分化と見がちになります。たしかに、論理的な思考の面では、未発達、未熟なところがあります。しかし、大人の論理には、感情や欲求を排して客観的な思考、認知の仕方が動いていますが、子どもたちの論理思考には、感情が入ってくるのが特徴なのです。「楽しい」「恐い」

「うれしい」といった感情が常に論理の中に入っており、これが九歳から十歳にかけて消えていくということも分かっています。つまり、大人と子どもは直線的な距離感覚で見るのではなくて、独立した論理思考パターンをもつものと見なければならないのです。

大人から見ると、とんでもないこと・なんでもないことに思えることが、心から楽しく、感動的なのです。また、大人にとって「夕日は、太陽が沈む」ということでも、子どもにとっては「お日様が恥ずかしがって赤くなっている」と真剣に考え、受け止めることができるのです。

四　幼児期の遊びと学習

子どもは一日中遊び続けています。子どもたちは、非常に好奇心旺盛で、遊びに夢中になっているうちに行動や考え方もどんどん変化し、発展していきます。

幼稚園で子どもたちがリレー遊びをしています。一つの列には、五～六人、いま一方の列には三人しかいません。子どもたちは、夢中で走り、心から楽しそうです。そこへ先生が「あなたたち、人数がバラバラじゃないの、それじゃどちらが勝ったか分からなくて、おもしろくないでしょう」とアドバイスです。ところが、子どもたちは「それでじゃ、リレーが終わっちゃうよ。楽しくない！」と答えたのです。子どもたちは、リレーにおける競争結果や形式を楽しんでいるのではなく、友だちと一緒に居ることや走ることを楽しんでいたのです。しかも、楽しさを支えるルールさえ生み出しています。いつまでも終わらないリレー、勝ち負けのないリレーなんて大人や保育者の論理にあるでしょうか。大人や保育者は、多くの場合人数をそろえ、力を均等にして勝負をさせることでリレーの本質である競争の楽しさに気づかせるべきと思い、そこに上手に誘導できるのが「よい遊び」と考えるからです。

このズレは、どこからくるのでしょうか。一つは、先に述べた大人と子どもの距離からくる論理思考パターンの違い、つまり「楽しさ」の考え方が影響しているのでしょう。今一つは、遊び機能の捉え方にあるのではないでしょうか。「THE ELEMENT OF PLAY」1971（遊びの要素）の著者であるアメリカの心理学者ノイマン

（NEUMANN.E.A）は、その著において遊びには顕在機能と潜在機能の二つがあることを指摘しています。顕在機能とは遊びそのものの目的である「楽しさ」であるとし、潜在機能とは楽しく遊んだ結果、潜在的に身に付くかも知れない事柄（認知的発達など）を意味し、二つが分離して存在しているのではない、と説明しています。簡単に表すと次のようになります。

遊び	
（機　能）	（意　味）
顕在機能	楽しい
潜在機能	認知的発達・情緒的発達・社会的発達・身体的発達

つまり、運動性や言語性などを伸ばすために遊びが存在しているのではなく、遊びは楽しさが全てであり、楽しさのない遊びもあり得ないとしているのです。「遊びを通しての学習」ということはよく言われますが、遊びを通しての学習とは、遊びの楽しさの追求の中にしかないのです。すなわち、先のリレー遊びにおける子どもたち自身の手による楽しさのための行動そのものが学習というわけです。遊びと学習は切り

離すことはできないのです。ところが、大人や保育者は、潜在的機能である発達にとらわれ運動性の豊かさを身に付けるためにリレーを、さらにそこで競争の本質を教えることが「遊びを通しての学習」と考えがちになります。夢中になって遊ぶ姿、つまり楽しさにある学習の豊かさが見えず、無意識に遊びの形や出来上がりに学習の豊かさを求めているのです。すなわち、遊びの機能を分離させ、逆転させてしまっていることに気づかないままに子どもたちの前に立ってしまっているのです。その結果、人数や勝ち負けがもたらすかも知れない潜在的機能を第一義とし、次にそれを上手に導くことで、本来、顕在的機能である「楽しさ」が生まれると考えてしまうのです。機能を分離・逆転された遊びは存在しません。子どもたちとのズレを生じさせ、遊ぶのではなく、遊ばされることへとつながっていきます。遊びを通しての学習を考えるとき、大人や保育者の論理で遊びと学習を分離させていないかを常に問う必要があります。

幼稚園教育指導書（文部省・フレーベル館）では、幼児期の遊びについて「この時期の遊びは大人の社会で言う仕事や勉強と対比させていう遊びとは異なり、幼児が自分から興味や関心をもって環境に主体的、意欲的に関わり、心や体を働かせて活動をつくり出し展開する働きの全体を指しているのである。」とし、さらに「幼児は遊ぶことを通して、達成感、挫折感、葛藤、充足感を味わうなど、様々な体験を重ねながら心身の調和のとれた発達の基礎を身に付けていく。つまり、自発的な活動としての遊びは幼児期の重要な学習なのである。」と解説しています。まさに、先に述べた遊びと学習を、特に幼児期においては分離させるものではないことを示唆しているのではないでしょうか。

「幼稚園じほう」1996・10

第七話　幼児教育と小学校教育の連続性
―古くて新しい課題としての再考―

一　「不定型的な教育」と「定型的な教育」

二　「幼児期」と「学童期」

三　「学びの基盤」と「学習の基礎基本」

・はじめに

幼稚園・保育所を終了した六歳児は、必然的に小学校の一年に入学するという教育制度の下では、幼児教育と小学校教育とが、一人の子どもの中で否応なく連続しています。しかし、教育を受ける側、つまり子どもの中では発達の過程としてつながっているはずのものが、教育をする側、すなわち幼稚園・保育所や小学校の側からは、必ずしも常に一貫、連続したものと見なされていなかったのではないでしょうか。現在、進行中の教育審議会（1996・8・27発足）においても検討事項の一つに「各学校段階を通じて調和と統一を図ること」が挙げられています。

本稿では、この「幼児教育と小学校教育の連続性」について、古くて新しい課題として再考してみたいと思います。

一 「不定型的な教育」と「定型的な教育」

教育審議会において座長を務めておられる三浦朱門氏（元文化庁長官）が、「小学校教育は定型的な教育として位置づけられるけれども、幼児教育は不定型的な要素が強い教育なので大変でしょうね」と言われたことがあります。

雑談中のお話だったので何気なく聴いていたのですが、改めて幼児教育の歴史を振り返って見る時、そのことが大変造詣の深い指摘であることに気づきます。ご承知の通り、現行の教育要領において幼児教育の基本が「環境を通して行う教育である」と示されました。この基本理念のルーツ（？）は、学校教育法に規定されている幼児教育の目的の項の「幼児を保育し、適当な環境を与えて、その心身の発達を助長すること」という一文にあると言われています。

ここでは、その文中の「適当な環境を与えて」に注目してみたいのです。教育的観点から考えれば「適切な環境を与えて」ではないか、教育の場に「適当な」という文言はふさわしくないと考えたくなるところです。

ところが、この文言が議論された当時（昭和22年）の文部省学校教育局初等教育課長であった坂元彦太郎氏によると、確かに「適当な」と「適切な」ということで真剣に議論され、最終的に「適当な」という言葉が最も幼児期の発達の特性を踏まえ、幼児教育の特質を現しているとして意図的に使用されたという逸話があったといわれているのです。すなわち、学校教育の体系の中に幼稚園・保育所を位置づけるとともに、「適当な」から「適切な」へと教育環境をつなぐことが幼児教育と小学校教育への連続性を生かすことになると考えられたのです。「適当な環境を与えて」の持つ意味は、幼児期の発達の特性である一人一人の可塑性を受容し、好奇心に溢れた一人一人の心情や意欲・態度を生かすという不定型な要素を含んだ教育方法こそが幼児教育にふさわしいのだという強い意志があったということになるのではないでしょうか。

つまり、幼児教育の基本である「環境を通して行われる教育」の背景にある「不定型さ」の持つ重みは、幼児教育にとって重要なものとなると同時に、定型的教育を主流とする小学校教育への連続性を考える鍵ともなるものだったのです。小学校教育における「生活科」の登場が幼稚園・保育所と小学校をつなぐものといわれているのは、その教育方法が不定型的な要素と定型的な要素が絡み合った部分が多いのを見てのことではないでしょうか。

二「幼児期」と「学童期」

ある園長先生が「卒園式で『幼稚園では本当にたくさん遊ばせていただきました。小学校に行ったら、これじゃいけないですから』と言われ、幼稚園だってただ遊ばせているわけではなく、人間が生きる上で必要な知恵や経験が積み重ねられているのにと、悔しい思いをしました」と、保護者に幼稚園教育が誤解されていることへの難しさ・寂しさを語ってくれました。

このエピソードは、幼稚園教育の不定型さの重さこそが定型的な小学校教育への連続性を支えるものであることが保護者に伝わっていないことを示していると同時に、二つの間に大きな距離があることへの危惧を感じます。

本来、人間の生活や発達は、周囲の環境と相互に関わり合うことによって行われるものであり、そのことを切り離して考えることはできません。特に、幼児期は心身の発達が著しく、環境からの影響を強く受ける時期でもあります。したがって、この時期にどのような環境のもとで生活し、その環境とどのように関わったかが将来にわたる発達や人間としての生き方に重要な意味を持つことになります。同時に、幼児期は保育者から教えられたことをそのまま学ぶことによって育つ時期ではありません。この時期は、遊びを通して幼児が周囲の環境と主体的に関わることにより、様々なことを自分から積極的に学びとっていく時期です。幼児期のこうした特性を考えると、幼稚園・保育所における教育の在り方は、小学校以上とは教育の方法が異なってくることになります。しかし、当然のことながら幼稚園・保育所は意図的な教育を行うことを目的とする学校です。したがって、幼児教育においては、その目的や目標が有効に達成されるように、幼児の発達や

生活の実情に即して各々の時期に必要な教育内容を明らかにして、それらが生活を通して、幼児の中に育てられるように計画性をもった適切な教育が行われなければなりません。

ところが、先のエピソードのように幼児教育の遊びの持つ不定型さにのみ眼がいき、その遊びの背景にある一人一人の豊かな主体性や保育者の意図性が見えなくて、単に遊ばせているだけであるように見て、小学校教育との距離を広げているようにも感じられます。このことには、従来、往々にして見られたような幼稚園と小学校のセクト的対立や、受験を念頭においた能率主義に陥った立場からの連続性の強調などの、幼児一人一人の現実的な成長と無関係とまでは言わないまでも、いくぶん歪曲された見方が支配的であったことが考えられます。今、必要なことは、幼児期から学童期にかけての発達的特性をできるだけ客観的に捉えると同時に、幼児期と学童期を、一人一人の人間としてどう生きることが最も充実した生き方になるのかという角度から考えなければならない時期にきています。

したがって、幼稚園・保育所でいくらか教えておいた方がよいかどうかというような形で、幼児期の教育効果が小学校での学習活動にどんな形で表れるかといった直線的な物差しで安易に連続性を考えるべきではないことはいうまでもありません。幼児期を幼児期として充実させることが、学童期を学童期として充実させることになります。一人の幼児の中で、何が連続していくものであり、何が段階的に脱皮していくものであるのか、こうした要素について客観的に眼で検討してみることが必要になってきているのです。

子どもが未完成な大人であり、子どもの時期は大人への準備期であるという考え方を否定したのはルソーでした。その提起したものは、近代から今日に至る人間の解放と、一人一人の生き方への自覚を促したものでもあります。その意味するところを考えるならば、幼児教育と小学校教育との連続性をつなぐ原点は、一人一人の子どもたちの生きる力として主体性とそれを支える保育者の意図性にあるのではないでしょうか。

三「学びの基盤」と「学習の基礎基本」

かつては、幼稚園・保育所は何をしているところなのか深く考えることなく、「みんなが行くから・・・」という軽い気持ちで園児が集まっていました。しかし、これからは違います。「幼稚園・保育所には行かせたいけれど、どんな園がよいかじっくり検討してみよう」という対応が主流となるでしょう。その場合、一番の関心事であり、選択の基準となるのは「ここでは、何を育ててくれるのだろうか?」ということです。この『何を』という部分が鋭く問われてくることになります。

それに正対して、「どうぞ安心してお子さんを園にやってください。幼児教育の専門家として、一人一人の幼児のよさを生かし、その子らしさを発揮し『学ぶ楽しさ』に溢れる、幼児の側に立った『学びの基盤』づくりとしての教育を致します。そのことは、小学校教育へと連続しているのです。ただし、早期受験教育はやっておりません。」と言える力を持つべきでしょう。

「学びの基盤」という言葉に、多くの人はあることを想起するようです。別の言葉を使えば、ドリル学習などに代表される早期受験教育であり、小学校教育へと直結しているとの錯覚です。学びの基盤的教育と早期受験教育とはまるで違うものなのですが、二つが混同されて「学ぶ」という言葉に誤解が生まれ、学習の基礎基本へも偏見をきたしているのではないでしょうか。

一人一人の幼児のよさを生かし、幼児期にふさわしい生活を通してそれぞれの持っている「その子らしさ」を切り開き、生きる力を身に付けていくのが「学びの基盤」です。しかし、「学び」という語と早期の受験教育との間にある本質的な違いを掴めなかったために、様々な取り組みが生まれ、保護者を含め幼児自身も混乱してきたところがあるのではないでしょうか。幼児は遊びを通して周囲の環境や友達と関わり、見たり、触ったり、感じたりすることにより、周囲の世界に好奇心や探求心を抱くようになり、ものの特性や操作の仕方、生活の仕組みや人々の役割などに関心を持ち、気づき、自分なりに考えることができるようになるのです。この学びの基盤から小学校教育が目指している学びの基礎基本につながっていくのです。

幼児が遊びに夢中になっているとき、その幼児のよさが溢れ出し、輝いている姿があり、その輝きに心から感動し、うなずき、寄り添ってゆく教育を実現することの中に学びが生きていることを、今一度、保護者をも含め幼児教育や小学校教育に携わる全ての人が確認する必要があります。

・おわりにかえて（新しい教育観の登場）

最近、ダニエル・ゴールマン著「ＥＱ―心の知能指数」が研究者の間で話題になっています。この本の趣旨は、人間にとって大切なのはＩＱ（知能指数）だけではなく、情緒的な知性（ＥＱ）であるというものです。ゴールマンは、幼児教育にも言及して、幼児が就学レディネスを持っているか否かは、あらゆる知識の中で最も基本的な知識、すなわち「学習の仕方」が身に付いているかどうかということだと指摘しています。さらに、その具体的なものとして、従来の「ヘッド・スタート」をもじって「ハート・スタート」として、次の七つの要素、「自信」「好奇心」「計画性」「自制心」「仲間意識」「意志疎通能力」「協調性」を挙げているのです（注参照）。

ゴールマンの「ハート・スタート」という提起は、幼児教育と小学校教育の連続性を考えるための新たな課題と興味をもたらしていると思われませんか。

参考文献

・文部省「時代の変化に対応した今後の幼稚園教育の在り方について」（中間報告）1997・6
・ダニエル・ゴールマン、土屋京子訳「EQ―心の知能指数」講談社1996・7 220〜221ページ

注

自信　自分はきっとうまくできるだろう、大人たちも力になってくれるだろう、という感覚
好奇心　何かについて知ることは良いことであり、楽しみにつながる、という感覚
計画性　周囲にインパクトを与えたいと願い、そのために粘り強く努力し、そして実際にインパクトを与える能力
自制心　年齢相応の方法で自分の行動を調整しコントロールする能力
仲間意識　自分は他人を理解し、他人も自分を理解しているという意識に基づいて

周囲と関わっていく能力

意志疎通能力　言語によって他人と思考や感情や概念を交流したいという願望及び能力。他人に対する信頼感や大人を含む周囲の人間との関わりを快と受けとめる感覚と関係する

協調性　集団行動において自分の欲求と他人の欲求のバランスをとる能力

「幼稚園じほう」１９９７・9

はーい
せんせー

第八話　幼稚園・保育所と小学校との段差と連携

一　物理的な距離と心理的な距離

二　小学校の生活科と幼児教育

三　生活科の遊びと幼稚園教育の遊び

四　目的としての遊びと手段としての遊び

・はじめに

例年、幼稚園・保育所では二学期末から三学期の修了にかけて、年長組の保育者を中心に話題になるのは、小学校への橋渡し（接続）のことです。そこでは、幼稚園・保育所での教育が小学校に理解されていないことへの不満から始まるようです。地域によっては、小学校と敷地を同じくする、あるいは道路を挟んで向かい合わせ、少数派だと思いますが、職員室が隣り合わせの幼稚園・保育所もあると聞いています。しかし、いずれの場合も不思議なことに同じ様な話題になるようです。このことは、裏を返せば、小学校の側でも同様のことが話題になっているのではないでしょうか。さらに、先般から学級崩壊の原因は、幼児期の教育と生活科の新設にあるらしいなどと、さも全てが事実のようにマスコミ等に取り上げられました。これでは、お互いに虚しい思いになるだけでなく、保護者をも巻き込んで何ら責任もない幼児や児童に迷惑がかかることになります。

本稿では、幼児期から児童期にかけての接続の在り方について、幼児教育と小学校教育の段差から考えてみたいと思います。

一　物理的な距離と心理的な距離

三学期に入ると、幼稚園・保育所では「学校ごっこ」を楽しむ姿を何度となく見かけます。そこでは、児童役の幼児は鉛筆を持ち、小学校の教師役を務める幼児は、なぜかメガネをかけ『子どもたちを怒っていたり、できましたか？できない人は、立っていなさい』などと楽しんでいます。また、幼児に「小学校ってどんなところ？」と尋ねると、まず十人中八、九人は「勉強するところ」と答えます。もちろん、このような風景が小学校の生活に無いとはいえませんが、幼児の世界の小学校のイメージは、どの様にして創られているのでしょうか。幼児が、小学校生活を体験することを考えてみると、運動会に招かれたり、就学前の健康診断もしくは生活科の授業で一緒に活動したり、と多くて年数回のことでしょう。幼児が持つ学校へのイメージは、幼児自身の体験からというより、おそらく多くは教師や保護者の話などからきているのではないでしょうか。

この光景を見ると、幼稚園・保育所と小学校の接続に関して物理的には最も近い位置にありながら、心理的には遠い距離を感じます。もちろん、この心理的距離を「悪いこと」と決めつけているのではありません。幼稚園・保育所教育と小学校教育のあるべき段差という意味では、むしろ「よいこと」と捉えなければならないのかも知れません。なぜなら、たしかに幼児教育と小学校教育との間には、入学という具体的な機会を境にした、成長における非連続性と連続性という通過儀礼的な形式による段差は必要だからです。つまり、幼稚園・保育所と小学校との間には、お互いに独自の教育機関として、幼児期は幼児期として完結した教育、児童期は児童期として完結した教育として認識し、両者がその教育の目的を理解し合い、尊重することが大切だからです。幼児の側には、小学生としての自覚というか、覚悟が、いよいよ勉強するのだという期待となり、何にもまして一年生の学習の大きい動機付けになるに違いありません。しかし、幼児期と児童期の発達が連続しているために物理的に近さを感じ、教育内容を連続させなければならないと、具体的な形で接続させたいとの思いが強すぎて、結果として逆の事態がお互いの中に出来上がっているとしたら不幸なことではないでしょうか。

二　小学校の生活科と幼児教育

ところで、教育に携わる関係者の間では、小学校に生活科が設置されたことで幼稚園・保育所との距離が縮まったと思っている方が多いようです。たしかに、十年前の学習指導要領改訂の際に小学校の低学年に教科として新たに生活科が設置されたとき、幼児教育と小学校教育がやっと接続したと多いに歓迎されました。しかし、歓迎の声が大きかったのは、幼児教育関係者の方で、小学校の関係者には必ずしも歓迎というより、とくに低学年の直接担当者の間には戸惑いの方が多かったような印象があります。

その戸惑いの理由の一つには、生活科は幼児教育と同じく「遊び」を中心とした教科であると喧伝されたことではないでしょうか。生活科の新設における趣旨とねらいをみると「低学年の児童の心身の発達は、幼稚園の年長児から小学校中・高学年の児童への過渡期的な段階であり、具体的な活動を通して思考するという発達上の特徴がみられる。そこで、幼稚園教育との関連も考慮して、低学年では直接体験を重視した学習活動を展開することが、教育上有効であると考える。」と述べています。どこにも「遊び」を中心とすることなどは書かれていません。たしかに、幼児教育との関連も考慮した直接体験を重視した活動には「遊び」も含まれていますが、幼稚園・保育所での「遊び」と必ずしも一致することを意味してはいないのです。ただし、直接体験として身近な生活の事象を教育化していくことにおいては、幼児教育と同様な面は多くあることは事実です。

しかし、生活科新設のねらいは「直接的な体験を重視した学習活動を展開し、意欲的に学習や生活をさせるようにする」ことでした。つまり、生活科を通して既成の各教科を見直し、さらに充実した教科として児童の主体的な学習が展開されるようになって欲しいということだったのです。このことは、今回新しく学習指導要領に位置づけられた「総合的な学習の時間」についても同様なことが考えられているのです。

三　生活科の遊びと幼稚園教育の遊び

小学校における生活科の新設は、小学校教育のさらなる充実とともに、小学校と幼稚園・保育所の双方がお互いの教育への理解を深めることで接続への橋渡しを意味していることはたしかです。だからといって、生活科の遊びと幼児教育の遊びが同一であると考え、そのことによって両者の教育方法、内容が連携したとすることは安易であり、問題があるのではないでしょうか。幼稚園教育要領の解説書には、小学校との連携について「幼稚園においては、この教育要領に示されていることに基づいて、幼児期にふさわしい教育を十分に行うことが小学校教育との接続を図る上で最も大切なことであり、いたずらに小学校の教科内容に類似した指導を行うことのないようにしなければならない」と述べています。小学校の生活科は、各教科と並び、列記とした教科として位置づけられています。だとすると、幼稚園・保育所における遊びと生活科における遊びでは、教育方法、内容の上でも似て非なるものなのではないでしょうか。

遊びも学習であると認めた生活科は、小学校教育に新たな風を吹き込んでいるとともに、幼児教育に活性化をもたらしていることは間違いありません。しかし、教科としての生活科の遊びは、遊び本来の意味と本質を異にするものと考えなければならないのではないでしょうか。例えば、近くの広場や休憩時間にする「ボール遊び」と教科として授業中の「ボール遊び」とでは、活動そのものは同一に見えても、活動している人にとっての認識等は異なるのです。すなわち、遊びの本質に相違があるからです。ところが、本質に関わる遊びの概念規定は未だ必ずしも分析的に整理されているとは言い難い面があります。

しかし、幼稚園・保育所、小学校は意図的な教育の場です。したがって、こうした場における遊びに、一般の遊びの概念規定をその

まま適用することは問題があるでしょうが、現実には幼稚園・保育所における諸活動が遊びと称され、小学校における生活科においても遊びが重要視されています。この教育実践における「遊び」の概念をまず明確にする必要があります。

四　目的としての遊びと手段としての遊び

そこで次に、教育実践の場面に焦点を当て形式論理的に「遊び」について考えてみたいと思います。教育実践が、幼児・児童の価値的行動変容であるとするならば、「遊び」は先の例からも分かるようにその関わり方において、二つに大別できるのではないでしょうか。一つは偶発的、自然発生的な遊びであり、いわゆる子どもの自由感溢れる遊びがこれにあたります。この遊びは計画的でもなければ組織的でもない場合が多く、一定時間内に特定の目標を達成する場合には必ずしも有効な成果を期待できません。これを「目的としての遊び」と呼びたいと思います。遊ぶこと自体を目的とする遊びだからです。

一方、教育実践の過程には、ある一定の経験を獲得させることをめざして、計画的、組織的に設計された「遊び」があります。これを「手段としての遊び」と呼びたいと思います。特定の教育目標を達成するために行われるからです。この遊びには、一定の成果なり、出来映えが期待されます。また、活動の枠が限定されるといった傾向を少なからず持っています。

以上のように遊びを形式論理的に分類したものと、幼児教育と小学校教育の教育目的や教育方法を重ねてみると、幼稚園・保育所の教育実践は「目的としての遊び」が大半を占めており、生活科では「手段としての遊び」が行われていると考えてよいのではないでしょうか。だとすれば、両者は似て非なる教育実践を行っていることになります。とくに、生活科で「好きな遊び」として授業が行われたとしても児童は微妙に感知し、この時間が「手段としての遊び」であるとして遊びとは受け止められていないのです。つまり、「手段としての遊び」は遊びがもつ本来の力を失わせてしまうのです。しかし、意図的教育の場としての幼稚園・保育所、小学校では、「手段としての遊び」を抜きにしては教育は成立しません。幼児教育と小学校教育の実践過程において、それぞれの教育目的、方法の上でどちらがより有効性を生かすかをつきつめながら「遊び」を捉えなければならないのです。

つまり、幼児教育と小学校教育のスムースな接続は、幼稚園・保育所での遊び、生活科の遊びという教育内容が似ている、また学齢期として発達が連続していると安易に考えるのではなく、遊び一つにしても相違しているからこそお互いの教育目的や教育方法を尊重した連携が必要であると考えるべきではないでしょうか。

・おわりに

この稿では、幼稚園・保育所と小学校とではそれぞれが独自の教育機関として独立していることから、その狭間にある段差と発達の連続性を認識し、双方の教育実践を理解し、尊重し合うことが大切であることをみてきました。文部省は、新しい時代の幼児教育の実現のための方策を考える調査研究協力者会議の中間報告で「幼稚園と小学校の連携・交流の機会は十分とは言えず、両者の共通理解が進んでいない状況が見られるとして、先ず双方の理解を進めるために地域の実情に応じ、幼、小の連絡会議の開催、合同研修の実施などにより連携の取り組みなどの具体化が重要」と提案しています。

また、新しい幼稚園教育要領においても小学校教育との連携を意識して作成されています。そのポイントは「幼稚園では、体験的な活動から健康な身体や道徳性の芽生えを培うとともに、幼児期の特性としての自発性、意欲、態度、物事に対する興味・関心、自分の考えや感じを表現する力等といった小学校以降における学習の基礎・基本につながる発達の基盤となるものをしっかり育てること」にあるとして、幼稚園・保育所では学習の基盤を培い、小学校ではその基盤を生かして学習の基礎・基本を身に付けるようにと幼児期と児童期の発達特性と連続性からその役割を位置づけています。

この論稿では、逆説的ですが、お互いが相違していることを認識することが幼児教育と小学校教育の滑らかな接続として重要であり、そこから連携の在り方と必要性が生まれるのではないかと考えてみました。もちろん、このことは、幼児の入学前の生活との断絶によって小学校生活が始まるようにと思っているのではなく、小学校生活が成立するのは、入学前に幼稚園・保育所や家庭で培われた幼児期にふさわしい生活の存在がその基盤になっていることが前提であることは当然です。

参考文献

・文部省「幼稚園教育要領の解説」フレーベル館１９９８・６
・拙稿「幼児教育の方法と形態」保育学年報１９８１年版、日本保育学会編　１９８２・６
・文部省「新しい時代の幼稚園教育を実現するための施策提言」中間報告　２０００・７
「幼稚園じほう」２００１・２

こくご
あいうえお

第九話　今、求められる保育者の役割
―幼児の主体性と保育者の意図性との狭間から―

一　保育者主導の保育からの脱却

二　幼児の主体性と保育者の意図性との狭間

三　日々の保育の流れと保育者の役割

四　保育者の役割の止揚と保育の省察

・はじめに（今、なぜ保育者の役割が問われるのか）

今、わが国では二十一世紀を展望した教育の在り方を目指して教育改革が進められています。教育のあるべき姿を実現するためには、教育改革の基本ともなる優れた保育者の確保が必要です。

先の教育課程審議会の答申においても、幼稚園教育の改善に関わって「教師は幼児一人一人の行動の理解と予想に基づき、計画的に環境を構成すべきこと及び幼児の活動場面に応じて教師は様々な役割を果たすべきこと」と保育者の在り様を問うています。

高度成長期にあった時代には、産業・経済を担う人材の育成に主眼がおかれ、高度な専門的な知識と指導力を兼ね備えた人材が要求される傾向がありました。その結果、経済の繁栄と科学技術の進歩によって豊かな社会となり、物的生活水準は著しく向上してきました。しかし一方で、精神面においてはこれに追いつかず、人間としての心の貧しさや心の空洞化した事象が多発してきました。例えば、人々の物的欲望は膨らむ反面、その過程での自己を律するとか公共性という良識が忘れ去られ、利己中心の強い生活が広がりつつあることなどです。

学校教育においてもこれらの世相が反映され、都市化、少子化、情報化などと相俟って幼児・児童の多様化も進み、いじめ、不登校、遊び非行など従来からは考えられない問題が山積みしており、中教審の「心の教育」の提言へもつながって人間の内面に視点をおく教育が緊急の課題となってきています。

特に、幼稚園教育では「学級崩壊とか超自己中心性の子ども」といった学校教育の根幹を揺るがす事象の出現の背景には、平成元年の幼稚園教育要領改訂に要因があるのではないかと揶揄《やゆ》する人さえ出てきているのです。この稿では、今回の教育課程基準の改善を機に、改めて保育者の役割について日常の保育活動から考えてみたいと思います。

一　保育者主導の保育からの脱却

幼稚園が学校教育法の下にある限り、幼児に意図的教育を施すことは自明のことです。ところが、平成元年以前の幼稚園の実践は、意図的教育が強調される余りか集団を中心とした横並び式の画一的保育が蔓延していました。しかも、保育者が望ましい経験を選択・配列し、ねらいを中心に幼児の活動を盛り上げることがよい保育展開とも考えられていました。したがって、幼児は保育者が選択した活動に参加することが強要され、保育者の力量や役割は整然とした中に幼児の活動を盛り上げることで判断されていました。その結果、幼児の内面にある自由で、自在に現れる一人一人の興味・関心は閉塞状態にされていったのです。

ところが、心ある多くの幼児教育関係者から、このような保育展開は「保育者中心の活動主義」と批判され、子ども一人一人の興味・関心を大切にした「幼児中心の保育」を、という新しい保育への転換とともに、保育者の在り様が求められたのです。そこで、平成元年に改訂された教育要領では、横並び式の画一的な教育の脱却を目指し、一人一人の幼児のよさと可能性が生かされる保育の展開と保育者の在り様が中心命題でした。

この命題を解くために、幼稚園教育の基本を「環境を通して行う教育」と位置付け、その具体化に関わって①幼児期にふさわしい生活の展開②遊びを通しての総合的な指導③一人一人の発達の特性に応じた指導の3点が挙げられたのです。さらに、旧要領の指導上の配慮を指導計画作成上の配慮に位置付け、指導の転換が図られたのです。そのことによって、保育者の役割も画一的な指導からの脱却が求められたのでした。

二　幼児の主体性と保育者の意図性との狭間

この転換は、たしかに過去における保育者の意図が強い活動は影を潜め、幼児一人一人の興味と関心が大切にされる保育へと転換が図られていきました。保育者の役割も一斉に活動に参加させる集団技術的なことから、一人一人の幼児の中に何が育ったかという内面を見つめる方向へと転換してきました。さらに、指導上で大切なことは、幼児が環境に関わって、そこから生み出される活動を支えることが一人一人のよさと可能性を開くことも理解され、環境の構成が現在の教育要領の鍵となることも浸透してきました。

ところが、実践者の中に「一人一人が大切にされること」と「意図的な教育」の間にいつのまにか溝が出来てきたのです。つまり、幼稚園における意図的教育の「意図」は、全て幼児の側にあるという考えの下に保育が展開されはじめたのです。具体的には、環境の構成をはじめ、保育の始めから終わりまで全て幼児が意図を持っており、保育者はそれを援助することだという主張です。時に、このような状況は存在するし、そのような偶然から生まれる保育の展開も大切です。

しかし、一年中、毎日が、このような生活が大切である、そこに自由があり、一人一人の興味、関心が生かされると主張する実践者が出現してきたのです。その結果、保育者の役割が不明確になり、幼児の主体的な活動が確保されるよう幼児一人一人の行動の理解と予測に基づき、計画的に環境を構成することさえ放棄されるようになってきたのです。保育者は、入園から修了までを見通した充実した生活ができるようにすると共に、幼児一人一人の状況に応じて、様々な役割を果たし、幼児の活動を豊かにしなければならないのです。なぜなら、幼稚園は意図的な教育の場だからなのです。しかし、先に述べたように一人一人の興味や関心を大切にということで、教育の意図が全て幼児の側にあるとした主張が流布され、保育者の役割や存在理由を含め教育要領の精神が生かされない現状が生まれつつあることも現実なのです。

三　日々の保育の流れと保育者の役割

幼稚園という場は、大きく捉えれば幼児と保育者がお互いに向き合って暮らしているようなものではないでしょうか。もちろん、家庭の暮らしとは違って幼児同士の集団教育の場としての暮らしです。つまり、家庭教育とは異なった教育的意図を含んだ場としての暮らしです。その命題は、幼児期の発達の特性から「遊びの生活化」であり、幼児にとっては「自由感に溢れた教育的意図」の一杯詰まった暮らしでなければなりません。

例えば、4歳児6月の暮らしから考えてみましょう。先ず、4歳児6月の暮らしとしてどんな生活がふさわしいかを教育課程と、日々の幼児の生活実態から暮らしを仮説し、計画を立てます。そこから幾つかの活動を想定し、その時期のねらいや内容と併せながら保育者の指導と幼児の主体的な活動が促されるような具体的な環境の構成を考えます。また、ある時は、具体的ではないけれども幼児の日々の暮らしから想定できる事前の心構えに似たある種の状況を想定することもあるでしょう。保育者は、仮設・仮定した一人一人の幼児の実態から準備できる教材観、指導観を心のポケットに入れ、幼児の前に立つことになります。

幼児は、自分の期待する生活ができると勇んで園にやってきます。一人でやってきたり、友達と一緒だったりでしょうが、クラスに向かう道筋の園庭や保育室の環境を無意識に見ることになります。そこで、幼児の願いと保

育者の願いとが一致する場合もあれば、しないこともあります。一致していなければ、その環境の構成は捨て去ることも大切です。しかし、幼児の姿から再構成への願いは常に持ち続けなければなりません。保育とは一日の中だけでなく一年中、保育者の願いと幼児の願いのズレが小さかったり、大きかったりの繰り返しですが、小さいとか大きいとかが問題ではないのです。ただ、ただ、幼児の願いと保育者の願いがぶつかりあいながら日常の暮らしが存在することを直視するしかないのが保育なのです。

特に保育が展開され始めるとズレが気になるでしょうが、保育が展開されている間は、ズレはズレとして受け止めながら、幼児一人一人の活動の中に何が育っているのかを懸命に幼児と同じ時間の流れの中で見続けることです。その時大切なことは、幼児が心から解放され、自由感に溢れているか否かを見極めることです。もし、少しでも窮屈な思いで過ごしているならば、また、豊かな暮らしが出来ていないならば、事前にポケットに入れていたもの（指導）を取り出さなければなりません。より楽しくなる暮らしはもちろん、時に暮らしがでたらめで幼児同士も自由感が持てなく、ましてやこの時期のねらいや内容とはほど遠い生活をしていれば、「止める・止めさせる」

など厳しい切断的な指導をすることも保育者の役割です。また、ポケットから準備したものをいつ出すか、出さないままに幼児の暮らしを続けさせるかを判断することは、大きな保育者の役割といえます。ここに、保育者の意図性と幼児の主体性との葛藤が存在することになり、そのことが保育者の役割や資質を止揚させることにつながっているのです。

四　保育者の役割の止揚と保育の省察

保育者の資質や役割の止揚を日常の保育者の生活に即して考えるならば、その日の保育が終了し、幼児が帰宅後の保育者の時間の過ごし方が問われることになります。つまり、保育中に幼児との暮らしのズレを発見しているはずですから、そのズレを反省してみることになります。幼児一人一人への理解、環境の構成、指導の在り方を中心に教育課程、指導計画を吟味するところまで日々の実践を通して考えてみることが理想でしょう。しかし、忙しくて時間が無い場合でも、日々の実践に対する反省はすべきです。明日やって来る幼児に迷惑をかけないためにも必要なことです。

例えば、①今日の暮らしは幼児にとってふさわしい生活だったか否か、②幼児の活動は自発的なものであったか否か、③幼児一人一人は自己発揮できたか否か、④保育者の役割は適切だったか否か、⑤個と集団の関係は良好であったか否か、⑥幼児の活動の質をどう受け止めるか等々は、最低限反省してみる必要があるのではないでしょうか。

なぜなら、保育者の役割を考え、止揚させる最大の妙薬があるとするならば、日々の保育実践の省察の中にあると考えるからです。

・おわりにかえて（対立から分かり合えるへ）

ここまでに日常の保育の流れから保育者の役割を考えてきましたが、端的に言えば「幼児のあるがままを受容する優しさ」と「幼児の行動を切り取っていく厳しさ」という対立する二つの働きが保育者に求められているのではないでしょうか。

この二つの働きは、河合隼雄氏の指摘する父性原理と母性原理として捉えることができます。父性原理とは、基本的な働きとして人間と人間の関係を切断する、突き離す。そこでのねらいは、一人一人の個の確立であり、個の成長です。これに対して母性原理とは、相手を包み込む。相手は安心もするが甘えてしまうことにもなります。そのねらいは、その場をまとめていくことにあります。ここには、人と人との関係には深層の次元で共性的な一体感が求められてはいますが、具体的な場面では幼い時には母性原理、反抗期には父性原理と発達段階に合わせられ、どちらかの働きの有意性が図られるという点が気になります。

保育者と幼児、育てる者と育てられる者、かつては保育者も育てられた者であったはずですし、幼児もやがて育てる者へと成長します。この子どもと養育者の関係を「両者が向かい合わせに置かれた二枚の鏡のように映し合うとき、そこに喜怒哀楽のコミュニケーションが生まれる」として「養育者とつながれることを求めつつ、一個の主体であろうとする」子どもの不思議を現象学的に解明しようとする「分かり合える」という視点からの鯨岡氏の研究が注目されます。河合氏とは異なり二つを対立させるのではなく、両義性として捉える考えです。この研究は、保育者の役割と保育事象に新たな道を開くことにつながるものと期待されます。今後、検討してみたいものです。

参考文献

①河合隼雄「日本人のこころ」NHK市民大学１９８３　38ページ
②鯨岡峻「両義性の発達心理学」ミネルヴァ書房１９９８　191～270ページ
＊鯨岡氏は、メルロ・ポンテイの「交叉」という概念から養育者と子どもの関係性を「分かり合える」と位置付け、保育者と子どもの関わりとしての人間関係を両犠牲と見立て、保育者と幼児が織りなすエピソードを通して解明しようとしています。

「幼稚園じほう」１９９９・1

第十話　幼児が育ち合う場の工夫としてのティーム保育

一　指導方法、形態にかかわる歴史の流れ

二　複数担任制とティーム保育

三　一人一人に応じる保育とティーム保育

四　幼児が育ち合う場の工夫としてのティーム保育

・はじめに

新しい幼稚園教育要領・保育所保育指針が平成12年4月から実施されています。この教育要領・保育指針が二一世紀に向けた新しい幼児教育実践の核になることを期待したいものです。とはいえ、そんなに簡単に日々の教育実践が変わるものではないでしょう。むしろ、普遍的であることによって充実した保育が展開されると考えなくてはならないのかも知れません。

しかし、新しい幼稚園教育要領は時代の変化に応じたいくつかの教育実践に関わる具体的な提案をしています。例えば、園全体の協力体制を高めるための工夫としての「ティーム保育」の導入です。このことは、従来の幼稚園教育における保育実践が学級を基本として行われてきたことについて社会の進展とともに創意ある保育実践が求められ、学級の枠を越えるという指導方法も必要ではないかという提案から始まっています。

一　指導方法、形態にかかわる歴史の流れ

ティーム保育のことを考える前に、少しだけ保育の歴史を振り返ってみる必要がありそうです。なぜなら、過去に指導方法、形態に関わって、今、提案されているティーム保育の源を示唆する複数担任制の問題が議論されたことがあるからです。日本保育学会では、昭和57年度から3年間に渡って共同研究として幼稚園・保育所におけるクラス規模についての研究を行い、「よりよい保育の条件」（日本保育学会編、１９８６、フレーベル館）を上梓しています。そこでは、保育の充実にはクラス規模の指数だけでなく、園全体のチームワーク、保育者の持つ保育観、発達観など様々な条件が影響していることが報告されています。実は、この報告書の中に複数担任制を含めた指導方法、形態について検討がなされているのです。

当時は、四十人学級であり、高度成長期とも相俟って幼稚園・保育所の数が増加した時期でもあったのですが、保育の基本は、当然、一人一人の幼児と心を通わせ、一人一人の幼児の成長に即した援助を与えていくことでした。さらに、「一人一人に即した援助」といっても、幼児は集団の中で相互に影響しあいながら「育ちあって」いるのだから、一人一人を隔離し、孤立した状態での保育ではないと説明されていました。ところが、実際には多くの人数の幼児を相手に一人の保育者が保育をしなければならないという事実を前にして、一人一人の幼児を学級の中で動かしていかなければならないという焦りから集団を一斉に動かす保育方法や形態が生み出されていたのです。その結果、運動会等の行事のやり方、保育教示の与え方、教材、教具にいたるまで、多くの幼児を同じように動かすテクニックや例示なども保育方法と考えるようになっていったのです。しかし一方では、一人一人の幼児を援助し、育てるためには、一人一人の幼児を自由に活動させることの重要性が強調され、すべての活動を自由にしなければならないという、自由な活動以外はすべて排除するといった極端な保育方法も生まれたのです。

二　複数担任制とティーム保育

つまり、保育哲学と指導方法・保育形態が同一視され、いわゆる「自由保育か一斉保育か」という議論を起こしたのです。ところが、保育の現場ではその狭間を埋めるための方策として複数担任制やオープンスクールが浮上し、一人一人の幼児を理解し、すべての幼児の発達を支えていくには、1学級の最適指数と保育方法に議論が移行し始めたのです。その当時、多くの保育現場では複数担任制が試みられ、その効果等が確かめられたのです。複数担任制は、単純に考えると、一人の保育者の目で見るよりも、複数保育者の目で見ていく方が、よりよい保育が実現できると考えられたのです。

しかし、現実には、複数の保育者の間に共通理解が十分なされないために、よりよい保育になっていかない場合が多いとの報告が多くなされました。また、複数担任の力関係や保育経験の差などで、一方が主導権をとり、他方は、その手伝いといったようなことが問題とされたことも少なくなかったようです。とくに、単純に保育者同士の共通理解といっても学級を基本として枠組みを守っている限り、自分のクラス意識が強く、せっかく複数担任にしても、保育者二人分の力が発揮できないどころか、かえって一人の力も発揮できないことさえもあったと報告されています。もちろん、複数担任制をとることによって、保育者同士の研究意識が高まったとか、幼児同士の交流が深まり、園全体が活性化してきたというメリットも多く報告されています。しかし、いずれもが小規模の園であったことと、学級を基本とする伝統的な学級王国からの脱却が難しく、保育者の資質やリーダーシップ論の高まりと共に保育者間の感情論を避けていくかのよう複数担任制は、学年の始まりや3歳児学級での問題へと議論が流れ、指導方法や指導計画の在り方にまでは発展しなかったのです。

しかし、そこでの議論は、現在の35人学級への足がかりを生み出すと共に、この稿で提起しようとしているティーム保育の在り方を考えていくための課題を示唆していることは明記しておかなければならないのではないでしょうか。

三　一人一人に応じる保育とティーム保育

我が国の幼児教育の原点は、公式的には明治9年11月に東京女子師範学校附属幼稚園から始まります。しかし、そこではフレーベルを規範とした流れがあるのですが、基本的な保育哲学は、東基吉、土川五郎、和田実、倉橋惣三などによって一貫して

「幼児の特性に即する保育」を追求し、「一人一人の幼児に心を通わせ、一人一人の育ちを見つめながら援助していくことこそが保育である」ことを継承・充実させてきたことについては、誰も異論を挟まないのではないでしょうか。とくに、昭和24年の学校教育法成立の経緯がそのことを示しています。すなわち、学校教育法の第1条に「学校とは、小学校、中学校、高等学校、大学及び幼稚園を指す」という文言の成立には、幼児期の特性が大切にされるためには、小学校以上の教育方法もしくは指導方法と同一ではないことが理解され、「及び幼稚園」という形になったといわれていることからも分かると思います。

もちろん、フレーベルが「幼児の内面にある人間としての内なる力に目を注ぎ、幼児を一人の人間として見つめ、幼児の一人一人の内に持っている好奇心ややりたがりやの精神を引き出すことを大切にする」といった考え方を原典にしていることも、やはり異論のないところでしょう。このように日本の保育哲学を考えるならば、知識や技能の獲得を主とする能力主義ではなく、生活の営みを通じて人間としての基盤を培うことを中心としていることが見えてきます。したがって、この度の新しい幼稚園教育要領の基本もこの流れを継承し、充実させようとしているのです。つまり、幼児の生活は遊びそのものであるとして「遊びを中心とした一人一人に応じた保育の創造」の実現を保育実践の命題にしているのです。

しかし、保育者が幼児一人一人を理解し、心の動きに応じることは、幼児個人の活動を援助することや一人一人と保育者が一対一で関わるようにするだけを意味するものではありません。幼稚園教育は、幼児期の発達の特性から幼児が自ら周囲の環境と関わり、幼児同士で活動を展開する充実感を十分に味わいながら、発達に必要な体験を重ねていくことを大切にする必要があります。そのため、保育者が幼児自ら環境と関わって活動を展開することを大切にしたいと願っても、その環境が発達に応じたものでなかったり、活動に対して適切な指導が行われなかったりすれば、幼児期にふさわしい経験も発達も促すことができません。そうしないためにも、幼稚園生活には計画性を持たせなければならないのです。

今、求められている保育は、幼児の主体性と保育者の意図性が矛盾なく生かされる保育方法・指導方法の在り方なのです。このような保育が展開されるためには、幼児期の発達をふまえた環境として、園庭の自然環境、園具や遊具、幼稚園全体の協力関係など、幼稚園全体の物的・人的環境に十分配慮した幼児の育ち合う場を工夫した保育方法・指導方法が必要です。すなわち、新たな保育実践としてのティーム保育の提案です。

四　幼児が育ち合う場の工夫としてのティーム保育

幼稚園は、同年代がともに集団生活を営む場です。社会状況の変化に伴い、家庭や地域で幼児同士が遊ぶ機会が減少している現在、幼児が育ち合う場としての幼稚園が担う役割は大きなものがあります。集団生活の中で幼児の活動は、個人活動、グループ活動、学級全体の活動など、様々に展開します。特に、幼稚園教育においては、一人一人に応じることが大切にされていますが、これは必ずしも個人活動のみを重視しているものではありません。グループや学級全体など、いずれの活動においても一人一人が生かされることが大切であることを意味しているのです。そのためには、集団が一人一人にとって、安心して自己を発揮できる場になることが大切で、保育者と幼児、幼児同士のつながりのある集団を形成することが重要になります。そのためには、従来の学級観や担任制への固定観念を脱却する必要があります。とくに、日々の保育指導の充実を図るためには、学級を基本としながらも、その枠を超える柔軟な指導方法を考えなければならないのではないでしょうか。

それには、幼稚園の教職員全員による協力体制を組織し、教職員の誰もが園児全員の顔や性格などがわかるように努め、幼児や保護者とのコミュニケーションを図り、一人ひとりの幼児に常に適切な援助ができるように心がけることが重要です。幼稚園全体の協力体制を高める工夫として、ティーム保育の導入は新たな保育実践の充実が考えられます。保育者は常に並行して展開する個人、あるいはグループの活動を全体的に把握することを求められます。しかし、実際には、ある幼児やグループ活動に関わっていると、他の幼児の動きを十分に把握することができず、適切な援助ができにくくなることがあります。この点で、複数の保育者が共同で保育を行い、幼児理解についいて情報交換をすることで、一人一人の様子を広い視野から捉えることが可能になるからです。ティーム保育は、保育の展開、学級編制、教職員組織の実情に応じて工夫し、それぞれの保育者の持ち味を生かすことで、幼児が人と関わり合って様々な体験を広げたり、深めたりすることが可能になると考えられます。

その際、大切なことは保育者を固定したティームと考えるのではなく、一学級に二人であったり、二学級に三人もしくは四人になる場合もあったり、活動内容や場によって流動的なティーム体制がつくれる柔軟さが求められていることを忘れないことです。

・おわりにかえて

以上のように考えてくると、ティーム保育という言葉は小学校以上の教育に導入されているティーム・テーチングとは「似て非なるもの」と考える必要があるのではないでしょうか。なぜなら、幼稚園におけるティーム保育は、固定したティームを意味しませんし、複数担任制を考えているのでもなく、幼児の引き起こす事実、出来事に応じて保育者プロジェクトを自由に組替えながら、課題によってはこの保育者、この問題ではあの保育者というように、連携の契機や何を育てるかによって形を変えることが重要だからです。

つまり、「幼児の行う活動は、個人、グループ、学級全体などで多様に展開されるものであるが、いずれの場合にも、幼稚園全体の保育者による協力体制をつくりながら、一人一人の幼児が興味や欲求を十分に満足させるような適切な援助を行うようにすること」を進めるためには、遊びの意味を広げていくために、保育者を一人の「点」として捉えるのではなく、一人一人の幼児に寄り添う「線」として個々の幼児の発達や集団の発達にティーム保育が生かされなければならないのです。

そのためには、保育者が幼児の遊びの展開の発電所であったり、幼児の心の居場所であったりしているか否かが問われることになるでしょう。

参考文献

・日本保育学会編「よりよい保育の条件」フレーベル館　1986・12
・拙著「幼稚園教育の基本」小学館　1999・8
「幼稚園じほう」2000・5

第十一話　「指導すること」と「援助すること」との狭間

一　真っ赤に塗られた「山」

二　レモンの実験

三　「指導」と「援助」の狭間

・はじめに

本来、子どもたちは、心からやりたいと思うことは存分にするけれど、大人から期待され、強要されることは少しだけするか、ほとんどしないものです。こうした子どもの態度は、「わがまま」とか「ヤンチャ」だとみられますが、子どもにとっては本質的な行動なのです。大人の指示を無視しても、本当にやりたいことを優先させることで、個性的な発育の芽を自ら育んでいると同時に、創造あふれた子どもたちの世界を広げているのかも知れません。

本稿では、よく見かけられる二つの事例を通して子どもたちが育つことに対しての指導と援助の挟間について考えてみたいと思います。

一　真っ赤に塗られた「山」

ケンジ君が小学校の一年生のときのことです。入学まもない日、学校で描いた一枚の絵を持って帰ってきました。彼は、自慢げに母親に「山を描いたんだよ」とその絵を渡しました。ところが、そこに描かれていたのは画用紙一面真っ赤に塗られた「もの」だったのです。　母親は、内心穏やかならないのですが「何を描いたって?」と優しく聞き返すと、彼は「山、山だよ」と応えるのです。「冗談でしょ！本当は何?」と少しイライラしながら母親が今一度尋ねると、やはり「山、山だってば！」と彼は少し怒った顔で応えるのです。母親は突然息子の手を取り、外に出て、遠くを指差して、「山は、緑でしょう!それに山は、こう、大きな〝まる〟が重なった形でしょう」と手で描きながら彼に教えようとしたのです。ところが、彼は、「山を描いたの！本当なんだ！」と今度は泣きそうになりながら自分の描いた絵は「山」だと言い張ります。母親は、「じゃあ、赤く塗ったのは山火事なの?」と自分の持つ「山」へのイメージに一致させようと重ねて言いました。

結局、彼が涙ぐみながらも「山」を描いたと主張するので、彼が描いたという場所に行って見ようということになりました。その場所に歩いて行く道々、母親は「この子、どこかおかしいのかしら、育て方まちがったんだわ」とか「何か前に読んだことがあるけれど、赤色に塗りたくる子どもには欲求不満があるって本当かしら」などと自分勝手な解釈をしながら、子どもへの不安と擬義のレッテルを張りつづけていました。

彼が描いたという場所に着いて、彼が「あそこに見えるよ。あの山！」という方向には、確かに「山」が見えます。しかし、真っ赤になった「山」ではなく、極く一般的に緑を基調とした「山」なのです。母親は、「やっぱり、山は緑じゃない！形も山のかたちよ。どうしてちゃんと見れないの！」と思わず大きな声を張り上げてしまいました。そして、「この子、やっぱり変な子だわ。変わっているわ。どうしよう！」と悲しそうにつぶやいたのです。

彼は、母親のその言葉に負けまいと懸命に「山」の一角を指差し、「あそこ、あそこに見えるでしょう。あの赤い木。真っ赤でしょう！」と訴えます。なるほど、よく見ると彼の指差す方向の「山」に一本の赤い色をした木があります。彼は、先生が「さあ、好きな所から描こうね！」と言われたので、彼の眼に最初にとびこんだ「山」である赤い色をした木を勇んで描いたのでした。ところが、あまり勇んで描き過ぎ、赤い木を描いただけで画用紙が一杯になってしまったのです。一方、母親は、「山」

は緑で、半円のまるい形をしていなければならないと考えてしまっているため、彼の描いた「山」が受け入れられなかったのです。

二　レモンの実験

トモキ君はある朝突然、母親にレモンを買っておいてくれるように頼みました。何のためか尋ねても、「うん、まあ」というだけなので、いぶかしく思いながらも、彼のいうとおり四個のレモンを用意しました。

彼は学校から帰ると、カバンを置くのももどかしく、さっそく「実験」を始めました。第一日目、家の周りを走り、近くの坂道を何度もいったりきたり、夕方にはすっかり汗をかき、疲れて帰った彼は、レモンを一つかじって風呂に入りました。第二日目、前日と同様に、汗をしたたらせて帰ってきた彼は、レモンを持ってお風呂に飛び込み、お湯の中でレモンをかじっていました。

三日目は、風呂あがりにレモンをかじる。四日目には、風呂からあがって時計をにらんでいましたが、きっちり一五分後にレモンをかじりました。こうして用意した四個のレモンはなくなりました。

　ところが、彼は納得いかないような顔で「わからへんなー」とツブヤイています。最初の日から、この様子を見続けていた母親は、「わからへん、どないしょう」という彼のツブヤキを聴いて、とうとう尋ねました。

　彼は、全校キャンプの班のリーダーに選ばれていました。先生からリーダーの心得の一つとして、班仲間の健康に気を配ること、特に低学年も一緒であるので、疲労については注意するように言われたのでした。彼は疲労回復にはレモンがいいということを、どこか

で聞いて知っていました。そこで、最も効果的にレモンを使うのはどうしたらよいのかを知るために、彼は自分で体験し、納得しようとしたのです。実験の結果、四つのやり方には明確な差がでなかったので、判断を下すことができず、困りきってしまったというわけです。

三「指導」と「援助」の挟間

幼児期から児童期にかけて、自らが望むことをどれだけやったかということは、将来、どれだけ自主的な選択や創造的な生活ができるかということと深く関わっています。心と身体の成長のあらゆるポイントが加速度的に上昇し始める幼・児童期においては、「やりたいこと」の範囲が拡がる一方で、「やるべきこと」の要求も増加してきます。「やるべきこと」を無視してではなく、克服することで、「やりたいこと」をおもいきりやる自分の時間に、それを組み込んでしまえるようになることも大切です。

一方、私達大人は、子どもがいろいろ知的好奇心を発揮したり、あるいは感情の大きな振幅の中で、物事に取り組んでいる姿を判断するのに、出来上がりがよかったとか、技術が正確であったという点で評価しようとする傾向が強いようです。こうした側面も、けっして意味がないわけではありませんが、可塑性に富み、創造性を育んでいる子ども時代にとって大切なことは、完成された姿を求めることではなく、知的好奇心や感情の揺れ動く中に浸り切る過程を見守ってやることなのではないでしょうか。

その意味で、先の二つの事例は、子どもたちが育つことの過程の中で何をしたらよいのか、働きかけとしてどのようなことをしたらよいのか、という「指導」と「援助」の挟間を考えさせる出来事といえます。

まず、カズキ君の「真っ赤な山」の事例ですが、「山を描いたんだよ」と自慢げに手渡した時、子どもの心を最初にゆさぶった山への「気づき」をしっかり正面から受けとめ、角度を子どもの側に移し、子どもの心に向かっていく「聴き方」が大切であることを感じさせてくれます。子どもにとって一本の「木」が山であることも大きな「気づき」なのです。山が緑で覆われ半円のまるい形であることが「分かる」ことも大切ですが、子どもの心を最初にゆさぶった感情の昂ぶりも重要な発達のステップであり、そうした感情の昂揚が肯定され、受けとめられることは、子どもの心を育てるためには、どうしても必要なのです。

ところが現在、学校においても、家庭においても、子どもたちの発達を、単に何かが「分かる」とか「できる」とかいうことだけで捉える傾向が広く見られます。幼稚園・保育所に入園してくる子どもたちの物の見方、感じ方の中にも、「分かる」とか「できる」だけを行動規範とする傾向が年々浸透しているのを見て、すでに乳・幼児期から発達に歪みが現れ始めていることを実感させられます。次に、大人の感覚からは、トモキ君の実験は、感心するほどのこともないでしょう。しかし、子どもの心身の成長にとっては貴重な意味を持っています。この実験は彼が自らが思いつき、やりたいと考えたものです。学校から帰るなり一刻も早く取りかかりたいことが待っている生活の充実感は、自由な時間があっても何も思い浮かばず、ただボンヤリ時間をつぶしているような生活とはずいぶん違っています。

トモキ君の充実した生活を支えたものは何だったのでしょうか。「レモン四個、用意して」と依頼された時、母親は「訊ねたい」「聞きたい」という思いを「うん、まあ」の重いツブヤキに共感し、子どもの不思議な四個のレモンの行方に任せようというところから生活の充実が生まれたのでしょう。すなわち、子どもの行動を先ず「受け入れ」、次に子どもの「心の流れに沿う」ことが子どもが育つことに対する重要な鍵となることを示唆しています。

私達大人は、自分の物差しを絶対だと思いがちです。その物差しで子どもをはかり「変な子・変わった子」と断定しがちですが、ここに見てきた二つの事例の中に、子どもが育つ過程における「指導」と「援助」の挟間を埋める従来と異なった「物差し」を考えてみたのですが、保育の場にも持ち込むことができるのではないでしょうか。

第十二話　幼児教育の中の人間関係
—開かれた集団、保育室をめざして—

一　自己表現と表現する場

二　表現する場の人間関係
—開かれた集団、保育室へ—

三　「個を生かす風土づくり」とは

・はじめに

子どもたちは、子どもらしい願いを抱いて雨の日も風の日も登園します。幼稚園・保育所が心の中にある願いを満たしてくれる場所であることを期待しているからです。その願いの大部分は、「遊びの喜び」が満たされることといってよいでしょう。つまり、子どもにとっては、「遊び」が教育の目的そのものとなっているわけです。

一方、遊び活動とは友だちが遊んでいる、自分も遊びたい、という認識も含め自己表現に外なりません。遊びの喜びが充足されるということは、自己表現が全うされることといえるわけです。自己表現とは自分の心の中に願いを持ち、外の環境（生活の場、自然、仲間等）に働きかけて、外を素材に内なる願いを実現することです。

ここでは、子どもの遊び活動としての「自己表現」と保育室における人間関係に関わる保育展開について考えてみたいと思います。

一　自己表現と表現する場

年長組の保育室で、タライに入ったカメを前に保育者が話しています。

保「このカメ、隣のクラスから借りて一週間になるね。毎日見ているうちに、最初こわごわだった友だちもすっかりなかよしになったね」

A「ボク、すごいなかよしだよ、さわれるもん！」

B「首がね！ながーくなったとき、さわったぞ！」

C「自分で起きられへんようになったとき、たすけたよ」

子どもたちは、カメの話になると夢中です。やがて保育者は「隣のクラスのお友だちがそろそろ返してくださいと言ってきました、みんな、どうする？」と用意した課題へと展開しました。

A「あかん！」

何人かが同調して「あかん、さびしい」と口々に言いはじめます。

保「でも、隣のクラスのお友達もさびしいって！」

D「いいこと、思いついた！カメいなくなったって、隣のクラスに言うたら？」

保「でも、ここにカメいるでしょう、ウソはだめ」

Ｅ「わたし、かくしたらいいとおもう、わからへんところに」

保（ややあわて気味に）「カメさん返しても、いつまでもみんなと友だちになれることないかな?」

一人の男児が、保育者の立っている後ろに絵の具が用意されているのを見て、

Ｆ「そや!絵の具や!」

保（うれしそうに）「Ｆくん、絵の具をどうするの?」

Ｆ「カメの背中に色ぬったらいい、となりのクラスに『違うカメ』っていうたらいいねん!」

最終的には、子どもたちは保育者の意図通

りカメを描くことで、いつまでも心の中に友だちでいることにしようという結果になりました。

二　表現する場の人間関係　―開かれた集団、保育室へ―

先の実践事例は、子どもの興味と課題についてのいくつかの問題を提起しているのですが、ここではこの保育者が「何を描かせたいか」ではなく、「どうして描きたいのか」を大切にして表現活動の場を設定されていることに注目したいと思います。

自己表現は、個性や創造性と密接に結び付いています。内面の思いや感情をどのような形や方法で表現するか、そこにその子どもなりの創意工夫がはたらき、多様な表現形式が生まれてくるからです。その際、「わかる」ことが不可欠の条件ではありません。その子どもとして「感じる」ことができればよいのです。「ボクのカメ！」は言葉より感覚です。その意味で、この事例での保育者と子どもの「やりとり」は、多くの子どもたちを表現することに巻き込み、個を生かしていることがわかります。また、自己表現は協同性との関係、つまり保育室での人間関係が重要であることを示唆しています。一つの表現が、最初から最後まで個人だけのものもあるかもしれません。しかし、多くの場合、発想や表現の仕方は、他者との関わりの中で学び、身に付けてゆくものです。本来、自己表現とは、だれかに対しての表現であり、相手への親しさや関わりがないと、表現しようという気持ちさえも生まれないこともあります。先に自己表現とは、自分の心の中にある願いを、生活の場や仲間という外の環境に働きかけて、外を素材に内なる願いを実現することであると定義しておきました。だからと言って、心の中にある願いを実現したいといって自由に任せておくことには限界があります。むしろ、苦痛を伴うことさえあるかも知れません。表現活動に向かわせようと、「好きにしていいよ」と促しても、表現活動に向かう子どもは限られているでしょう。自己表現には、必要な条件があるのです。

保育の中で子どもがのびのび表現する、そのためには、まず何といっても子どもの感性が解放され、感性的なやりとりが活発にできるような保育室の場の雰囲気が前提となるでしょう。すなわち自己表現に向かわせる最大の条件は、表現の場である集団のあり方、つまり保育室の人間関係のあり方ということになります。
年長組の子どもたちが、９月の終わり頃、自由に町作りをしていた時のあるグループの会話です。
K男、勝手に作り始める。
D「Kくん、みんなで考えて作るんやで」
Z「一人ではあかんの、みんなで考えよう」
D「一人で作ったらおもしろうないで」
H「ぼくもみんなで作ると思って、積木運んできたんや」
Z「勝手に作るな！もう一度相談しよう」
D「ここらを町にしよう」（D男の提案にしたがって作り始める）
K「かっこうわるい、かっこうわるい、みんな一緒だぞ」
Z「そんなところに作ったらあかんわ、Yくん」
Y「ごめん」
D「みんなで作るんだぞ！」

O「ぼくこれ、そっちへつづけようと思っているんや」
Y「こっちへつづけよう」
K「つづいたよ、こっちにいこうか」
I「あたらしい道を作ろう」
O「トンネル作ろう」
A「この積木、イスみたいや」
G「駅のプラットホームにしたら」
Z「ここにガソリンスタンドを作ろう」
H「積木が足りないぞ、さくら組にいって借りてこよう」（さくら組に幾人か走る）

子どもたちは「Kくん、みんなで考えて作るんやで」「もう一度相談しよう」などと言葉をかけ合いながら、協同活動の意識を広げ、保育者の指導がなくても大きな町を完成しています。ここでは、友だちと支え合うこと、自分のやっていることが認められ、また友だちの役に立っていることが自分の目で確かめられる集団の雰囲気があります。子どもたち一人一人が安心し、喜んで表現できる集団の場の大切さを示唆するものといえます。すなわち、幼児教育の人間関係を促す最大の条件は、集団の場の雰囲気を「個を生かす風土づくり」として開かれた「保育室」の視点が必要なのです。

三　「個を生かす風土づくり」とは

「個を生かす風土づくり」を最も端的に語る用語は、J・R・ギッブ（J・R・Gifb）のいう集団全体の雰囲気を支持的風土（Supportive climata）と、その反対に最も警戒すべきを防衛的風土（Defensive climate）と名づけ、二つに分け対照させたことであろうといわれています（図参照）。

図　支持的風土と防衛的風土

入力	風土	結果
共有の問題解決態度↓ 受　容↓ 感情移入↓ 傾　聴↓	支持的風土	↓－防衛 ↓＋自発的行動 ↓＋成長 ↓＋カタルシス ↓＋鋭い知覚 ↓＋受容と感情移入
助言↓ 検閲↓ 防衛↓ 説得↓ 統制↓ 処罰↓	防衛的風土	↓＋防衛 ↓＋応酬行動 ↓－成長 ↓－鋭い知覚 ↓－感情移入

（出典　全米教育学会編、末吉悌次・片岡徳雄・森しげる訳「学習集団の学力」黎明書房　144・146ページ）

ギップによると図の上側に示される、共有の問題解決態度、受容、感情移入、傾聴が支持的風土を生み出すものです。これに対して防衛的風土を生み出すものとしては、集団に目標への方向を一元的に守らせるメカニズムとしての助言、説得、統制、あるいは処罰や防衛があげられます。図の下側に示されるものは、集団のメンバーがこの風土にあるときに示す感情や態度や表現です。防衛的風土においては、子どもをたえず「できる子とできない子」に識別していく「検閲」の目が光っており、こうした保育者の行動は、子どもたちの間に「防衛」の姿勢をとらせることになり、表面上従順であるように見えても、一人一人の行動や表現が押さえつけられることがしばしばあります。これに対して、支持的風土においては、子どもたちの行動をまず「受容」し、許容的な集団、人間関係の雰囲気をつくることに心がけています。子どもの側に立って、子どもの心の流れに沿い（傾聴）、その奥にある気持ちを理解しようと努めます（感情移入）。保育者がこのような態度でクラスづくりを進めると、子どもの側にも、自分の殻に閉じ込もって、かたくなに自分の態度や考えを守ろうとする（防衛規制）は必要なくなります。その結果、子どもの心に解放感が生まれ、そこからはじめて子どもたちの「自発的行動」も発動し、伸びやかな明るい集団、人間関係ができあがってくるのです。子どもどうしの間で「受容と感情移入」が見られる集団、人間関係は、開かれた集団、保育室といえます。防衛的風土である閉じられた集団、保育室では、自主・協力・創造といった表現の喜びを体験することは極めて困難でしょう。

集団あるいは保育室が開かれていると子どもの自己表現が促されます。集団を信頼し、暖かい人間関係に支えられて進んで自己を表現し、お互いの自己表現を認め合うことができる集団、すなわち開かれた集団、保育室こそ、子どもたちは自己表現の喜びを味わい、高めることができるのです。

第十三話　保育におけるパラダイムの転換

一　新たに求められる保育者の専門性

二　保育の中のカウンセリング・マインド

三　子ども中心の教育課程を求めて

・はじめに

幼児期にふさわしい教育の実現のためには、保育者の役割としての専門性の転換にのみ求められているのではなく、もちろん保育理念に関わる教育課程や保育の展開方法にも転換が求められています。なぜなら、子どものための「教育課程」や「保育の展開」は、子どもの具体的な活動に他ならないからです。

ここでは、保育者の新しい役割と保育におけるパラダイム（物の見方や考え方）の転換について考えてみます。

一　新たに求められる保育者の専門性

幼児期にふさわしい教育の実現には、当然のことながら現在施行されている教育要領・保育指針に提起された保育理念に基づいた保育者の指導方法を確立される必要があることが見えてきました。すなわち、それは知識や技能を一律に与えることではなく、一人一人の持っているその子らしさを生かしながら意欲や心情、それを支える態度などを育てる指導の在り方です。

そのためには、一人一人のよさや可能性をとらえる保育者の目と、子どもの内面に動めいているものに応じた関わり方が求められているのです。これからの幼児教育に必要な保育者の技術、すなわち専門性は、子ども一人一人の生活の「あるがままに受容」し、子ども一人一人の内面の理解と信頼関係を築きつつ、発達に必要な経験を子ども自らが獲得していけるよう援助していける力です。そこでは、保育者は「子どものために何を与えたらよいか」ではなく、「子ども一人一人と向き合えるものは何か」という視点から子どもを援助しているか否かが問われているのです。

子どもの健全な成長や子どもとの共感を願う保育者の関わり方に対する視点は、カウンセリングにおけるカウンセラーと来談者の間の基本的姿勢です。つまり、来談者とカウンセラーの人間関係に暖かい変革をもたらすカウンセリング・マインドを身に付けるためのものなのです。子ども一人一人の生活を「あるがままに受容」し、「子ども一人一人と向き合えるものは何か」を考えることが、今、保育者と子どもとの関係に求められるとするならば、それは、保育者一人一人がカウンセリング・マインドを身に付けることではないでしょうか。特に一人一人に応じる指導を考えるとき、カウンセリング・マインドは、きわめて重要な教育的機能として必要とされるものと考えられるからです。

カウンセリングという言葉を聞くと、何か特別な場面（非行、不登校、ノイローゼなどの治療）を想像し、日常の保育とは関係が薄いことのように受け止められがちとなります。ここで取りあげたカウンセリング・マインドとは、そのような治療的なカウンセリングそのものを指しているのではありません。カウンセリングとは、一般的には心理治療や教育相談などの場面で相談に訪れた人がカウンセラーの援助を受けながら心の問題を解決していこうとする過程を指しています。その心の交流を図りながら来談者の自己回復や自己解決を支えていこうとするカウンセラーの基本的な過程を教育の場に生かすことができるのではと考えてみたいのです。

例えば、保育の場において子どもが示す様々な行動傾向は、起こるべくして起きてきたものとつくりやすい条件の中で生まれてくるものがあります。保育の過程は、子どもに出会い、子どもと思いもつかない場面、場面で瞬時に臨床的所見を行い、続く短い時間の中で適切な援助や助言をしていくことの連続です。その意味で、自分の感情を十分に言葉で表現できない幼児期の子どもなどには、遊びを通して偶然の機会を捉えたり、機会をつくったり、あるいは機会を待ったりしていかなければならない点は、保育過程とカウンセリングの過程とは違ってきます。しかし、そのような過程の中でカウンセラーは来談者が自分の問題に気付き、自分で乗り越えようとすることができるように、その人の心に寄り添ってともに考えようと努力をはらう過程は、保育過程における教師と子どもとの関係に一致します。言いかえれば、相手の心の世界を受け止め、相手の立場に立って考えていこうとする姿勢に徹しようとしていることです。カウンセリングの過程で来談者が自分で課題を乗り越えていくためには、まず、両者の間に温かい信頼関係をつくり出すことが重視されています。そのために相手のありのままの姿を温かく受け止める肯定的理解や受容的態度をカウンセラーが持つ必要があるし、同時に、相手の心の動きを受け止める感受性と価値ある方向を気づかせる厳しさが要求されます。保育の営みの中でも大切なことは、保育者と一人一人の子どもとの間に信頼関係をつくり出すことです。同時に、子どもの言動や表情からその子が今何を感じているのか、何を実現したいと思っているのかを受け止めて、自分で課題を乗り越えていくための適切な援助をすることでした。

以上の過程を、簡単な図式化で考えるならば、以下のようになります。

> あるがままを受け入れる（受容）
> ↓↑
> 子どもの心を開く（待つ）
> ↓↑
> 価値ある方向に気づかせる（切断）

つまり、カウンセリング・マインドを生かした保育過程とは、「受容という優しさ」と「切断という厳しさ」の二つの教育の原理を保育者が持つことではないでしょうか。

では、保育の過程でカウンセリング・マインドを持った指導とは、具体的にどのような事態を指すのか事例を通して考えてみたいと思います。

二　保育の中のカウンセリング・マインド

　ある幼稚園を訪れた時のことです。保育室では、子どもたちが元気にそれぞれの思いを持って楽しそうに遊んでいました。そんな中で、ポツンと離れたところで無心に絵を描いている女の子に近づいて見ると、その子どもの絵には、お日さまが三つ描かれているのです。そこに、教師がやってきて、その絵を見て、「どこにお日さまが三つもあるの?うそを描いたらダメでしょう」と優しくたしなめられたのです。おそらく、その先生は、女の子がふざけて描いていると思われたのでしょう。

　先生が立ち去られた後、なんとなくその場を離れ難くなり、少し困った様子の女の子に「たくさん、お日さま描けたね」と話しかけてみました。すると、その子は「お部屋が寒いの・・」と応えたのです。その日は、とても肌寒く、保育室にいても寒さが伝わってくる思いがしました。その女の子は、保育室がとても寒く感じたので、お日さまが三つくらいあったら、もっとポカポカ暖かくなるだろうなと「気づき」描いたのではと思い、「暖かそうだね」と言うと、「ニコッ」と笑ってくれました。

ある画家の代表的な作品の中に、「足が八本ある犬」の絵があるという話を知りました。チョコチョコと小走りする犬の様子を、四本ではなく、八本の足で表現したのだそうです。子どもと画家とでは、立場や次元は違いますが、子どもたちが育つことに対して何をしたらよいのか、働きかけとしてどのようなことをしたらよいのかを考えさせられます。お日さまがたくさんあることが、部屋を暖かくするのではと「気づく」心と、太陽は一つしかないのだと「分かる」心との距離を急ぎ詰めなければならないことが、子どもたちへの「指導」ということなのでしょうか。「指導」の中身とはどういうことなのでしょうか。今

一度先の事例から考えてみましょう。

この流れとして先ず「聴く」ということがあります。「きく」には、他に「聞く」「訊く」がありますが、「聞く」は聞こえてくるという受動的な意味が強く、「訊く」は訊ねる・詰問するという意味になります。「お部屋が寒いの・・」というツブヤキを捉えるには、積極的に子どもに向かって心を傾けて「聴く」という、子どもの心に残る「聴き方」が必要です。

二つ目に子どものあるがままを「受け入れる」ことが大切ではないでしょうか。教師は、お日さまといえば必ず一つと考えます。正しいことを伝えることの大切さは、子どもたちと接していると常に直面する問題です。しかし、異なった価値を「受け入れる」ことも指導上の大切な中身なのではないでしょうか。

三つ目として、子どもとの「つながりをつくる」ことの大切さがあります。この教師は、優しく「うそを描いたらだめでしょう」とたしなめていますが、この言葉は、子どもとの「つながり」を無意識に切っています。いくら優しい言葉かけをしたとしても、そこに子どもとの「共感」が生まれないかぎり、子どもとの「つながり」は出来ません。共感とは、子どもたちを理解しようとする時、客観的でも、道徳的でも、解釈的でも、否定的でもなく、とにかく子どもを「肯定的」に先ず見てみようということなのです。

最後に、子どもの「心の流れに沿う」ことです。子どもたちは、思いもよらないことを発想したり、時に大人を驚かせることがあります。「お日さまはいくつあるの？」と訊ねることと「お日さま、たくさん描けたね」との間には、大きな距離があります。嬉しい場面、悲しい場面、きれいな花に深く感動する「こころ」と、知識によって切り開いていく「こころ」との距離に似ています。深く感動する「こころ」は、外から何かを与えられることによって育つのではなく、自らが主体的に環境に働きかけることによって育ちます。子どもの「心の流れに沿う」とは、子どもたちに最大の関心をはらいながら放っておくことかも知れません。

「聴く」・「受け入れる」・「つながりをつくる」・「心の流れに沿う」ことが、指導上の鍵概念だと考えてみるならば、それはカウンセリングにおける「援助行動」に重なってきます。このように考えてみると、保育の営みとは、カウンセリング・マインドを持った保育者の姿勢といえます。つまり、保育の過程における保育者の姿勢とカウンセラーの基本姿勢とは共通していることが多いことに気づくからです。幼児期にふさわしい教育の実現のためには、一人一人の保育者がカウンセリング・マインドを理解し、その姿勢を身に付けることの重要性が求められていくと考えられないでしょうか。

三　子ども中心の教育課程を求めて

このように考えてくると、教育課程や指導計画など必要でなく「単に子どもたちを環境に放り込み、子どもたちの育ちにまかせればよい」という安易な保育観が浮上しかねないのですが、ここで大切なのは、幼稚園・保育所は、意図的教育の場であることの認識であり、その具体化は、保育者の「働きかけ」と指導計画です。子どもたちが意欲をもって環境に向っているときは、子どもたちにまかせるわけですが、子どもが探索活動を十分に行わず、立ち止まったり悩んでいればなぜだろうと考え、環境との関係を再構成したり、保育者と子ども、子どもと子どもの人間関係の見直しとか、物との関係、人との関係の働きかけを子どもの発達過程にまで求め、様々に工夫しなおすことが必要なのです。

そのためには、一人一人の子どもが生活する姿、ある程度の発達の大まかな道筋の見通しが必要になり、そこに教育課程や指導計画が意味を持つことになるのです。子ども一人一人の生活に対応した教育課程や指導計画というと、一人一人に対して編成しなければならないと誤解されそうですが、幼稚園・保育所は子ども同士が生み出す集団を対象に意図的教育の「いとなみ」が行われているところです。したがって、個人的プログラムだけでは保育は成立しないでしょう。ある意味で、子どもたちの姿に共通理解に対応した教育課程や指導計画が必要なのです。但しそれは、従来の教育要領・保育指針のような保育者が精選した「望ましい経験」を組み立て、それを子どもの生活過程と考えるのではなく、保育者と子ども、子どもと子どもの人間関係の関わり方や子どもの基本的な育ちの姿を生活の発達過程として見通した仮説として組み立てられることへの転換が、新しい教育課程や指導計画に求められていると考えてよいでしょう。

実際にそうした教育課程や指導計画を作成するには、子どもの生活の実態に応じた具体的なねらいや内容を明確にする必要があります。そのとき基礎資料のために、子どもの発達過程や指導過程などを構造化することが大切です。具体的には、保育者の働きかけとして「指導」に重きをおいたか、「援助」に重きをおいたか、子どもの感情面からの活動として「従属的」であったか、「主体的」であったか、という二つの軸の組み合わせから、次のような四つの教育課程の類型が形式論理的に生まれることに気づいてほしいのです。

第1は、指導—従属的という類型です。これについては、従来から最も多かった遊びを系統的に精選し、子どもの意志と無関係に計画した目的を達成するために子どもたちを方向づけ、単位時間に望ましい経験を導くという属性を持った教育課程といえます。

第2は、指導—主体的という類型です。これは、保育者の側からの計画としては、きわめて消極的であり、時間の設定と用具の準備があるだけで、子どもは与えられた時間と環境の中で展開されるというコーナー中心の属性を持った教育計画といえます。

第3は、援助―従属という類型です。基本的生活習慣などを身に付けさせる時などに見られる教育課程です。ここでは、保育者の意図する活動を、子どもたちはあたかも自分が選択し取り組んだかのように生活課題としての属性が中心となっており、養護的教育課程と呼べるのではないでしょうか。

第4は、援助―主体的という類型です。これは、子どもの興味や関心を極端なまでに重視する保育をめざす教育課程です。保育の出発は子どもの選択した遊びに求められます。一人一人の子どもの特性を生かしながら、一人一人異なった興味や関心に基づいて出発した種類の違った遊びが保育者の援助によって発展の方向が指導されるという点で、子ども中心の教育課程といってよいでしょう。

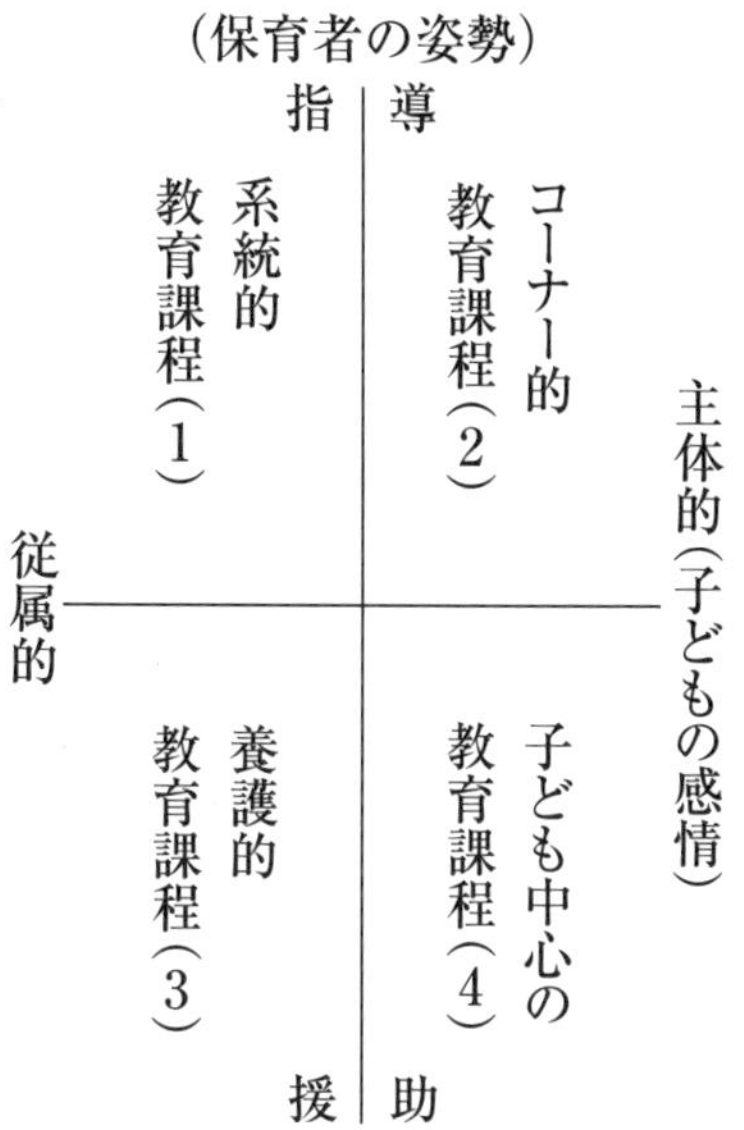

新しい教育要領・保育指針が求めている教育課程や指導計画とは、「主体性」と「援助」に囲まれた「子ども中心の教育課程」です。この教育課程の特徴は、子どもの発達過程を発達段階ととらえ、日々の指導の積み重ねがなくてもこの時期になれば「できる」段階だと錯覚することを避けるための指導過程がどうしても必要となってくることを意識させられることです。「幼児期にふさわしい教育の実現」のための教

育計画は、子どもの生活に長期と短期の見通しをもって、常に子どもの心の流れに沿った計画でなければならないのです。そのとき銘記しておきたいことは、「同年令の子どもたちを一定の到達度に向けて、同一の方法で指導しようとする傾向への批判」・「到達度、経験や活動の順序性を一律に示すことをしない」の二点となるでしょう。

参考文献

・文部省『幼稚園教育要領解説書』　フレーベル館１９９９
・D.P.Weikart;Relationship of Curricul−um,Teaching and Learning in Presc　−hool Education,in Preschool Programs for the Disaadvantaged,ed.by J.C　.Stanley,1972
・文部省「保育技術専門講座資料」平成５年７月

第十四話　保育の楽しさと難しさ

一　保育の楽しさと難しさ

二　ゆとりの中の「生きる力」

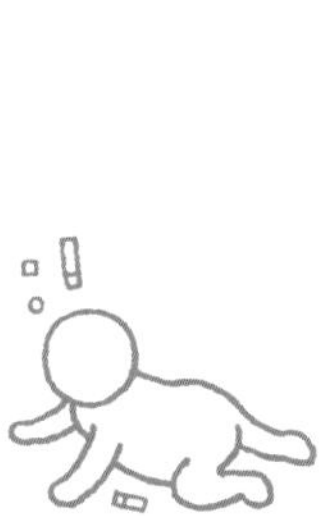

・はじめに

平成12年4月から実施された幼稚園教育要領、保育所保育指針では時代の変化に応じたいくつかの保育実践に関わる具体的な提案をしています。ここでは、教育における不易と流行を踏まえながら、新たな歩みに向けての保育の方向性を考えてみたいと思います。

一 保育の楽しさと難しさ

ある幼稚園を見学させていただいたときのことです。3歳児担当の保育者が笑顔いっぱいで〝今日こそは、子どもたちに気づいてほしかったなあ〟という話をなさっていました。3歳児の部屋の前にイチョウの木があり、そのイチョウの木の黄色がどんなふうに変わってくるのかに幼児自身で気づいてほしくて、一番美しいと思える時期に「ブランコを付けました」ということでした。何げなしにブランコに乗って上を見ると黄色が目に入るようにと思って付けたので、できるだけ下じゃなくて、日ごろと違って意図的に少し上目にブランコを付けられたようです。つまり、子どもがイチョウの葉が近くに見え、気づくかもしれないという配慮で作られたのです。ところが、見学者の方は、担任の保育者の配慮に気づかず、ブランコの取り付けに対して、「3歳児には高すぎるんじゃないか」「もっと低くすべきではないか」と議論になってしまいました。

この議論について、担当の保育者は「すみません、ブランコを低く付けても気づかなかったので、今日は高くしたのですが、明日は気づいてほしいと楽しみにしています」とこたえられたのです。そして、部屋にはクリスマス・リースを付けておられ、そのリースについても「リースに気づいてほしいなあと思ったけど、今日はだれにも気づかれなかった」と保育者が笑いながら話された。その保育者の「受けこたえ」に幼児教育の楽しさと難しさを見せてもらったように感じる思いでした。これが、私自身であったら、きっと〝せっかく作ったのに気づかないなんて、君たちはどこに目をつけているの〟と、言いたくなるような気がしたからです。幼児教育では、まず幼児自身が気づく世界を大事にしながら、徐々に教育的な方向へと考えることを大切にしていることをつくづく思い知らされました。

つまり、保育者は常に見通しを持って意図的にと言いながら見えないカリキュラムを作っていて、そこに子どもたちが偶然に気づいていく世界を大切にしているのです。その偶然性を系統的に導き教育化するというのが幼児教育の実践の核になっているので、幼稚園教育・保育所保育がほかの学校教育と違ってすごく難しいのです。小学校以上の教育は教科書を持っているので、こんなめんどうな道筋をおいかけないのです。幼稚園教育・保育所保育が何が難しいかというと、遊びという偶然性から教育的なカリキュラムへと導くということです。

この教育が持っている「良さ」というのは、そこにあるんですよね。確かに偶然性を大事にしているんだけれども、偶然性を大事にするというのは、何もしないことを言っているわけではなくて、偶然性が必然的に起こるであろう計画的な環境の構成をしたり、本当に偶然にも子どもたちが気づく世界というところから、保育者がぜひとも経験してほしいことへと持ち上げていってそれを系統化していく。そのために、保育者は本当の意味で遊びの専門家でなければならないわけです。あらゆる遊びへの専門的な見通しを持っていて、そのことを気づいたときにはどのような形から入り込んでいくか、子ども全体に広げるか、一人一人の課題としていくかという発達の道筋と環境の構成の視点を持っていて、なおかつ、遊びとして成立しなかったり、広がらないときには、「あぁ残念だったなあ」というのが保育の現実なのです。

「それでは教育ではない」と言う人がいるかもしれません。しかし、そこを大事にする、そこを重要なことととして受け止めることが幼児教育の楽しさであり、難しさなのです。もちろん、1年中このような保育が続いているわけではありません。幼児期にふさわしい生活としての発達に必要な体験は、偶然からだけでは生まれないこともあります。したがって、しっかり幼児の発達を見通して教育計画や指導計画も立てることが求められており、実際にきちんと意図的な計画の下での保育も行われていることが大前提であることは言うまでもありません。

二 ゆとりの中の「生きる力」

いずれにしても、保育っていうのは本当に難しいものです。保育のある一場面を見ていても、こっちの側から見てると「いいなと思う」けど、あっちの側から見てると「いいとは思わない」ということに多く出会います。その場合、往々にして両方とも正しいということが多いのですが、なぜか、どちらかが正しいに違いないと思いがちになります。保育の難しさは、この両義性という点にあるのではないでしょうか。つまり、教育や保育というのは一つの角度から見ていくと非常に狭くなっていくので、そうなってはいけないということで様々に角度を変えようといつも議論するけれども、いつの間にか一つの角度からのみ追いかけてきた傾向があるのです。

確かに、私たちは一つの角度ではないと言いながらも一つの角度から「良かれ・伸びてほしい」という思いで教育を考えてきたのかもしれません。やっぱり子どもをどう引き上げていくのか、子どもをどう伸ばしてやるかという、その伸ばしてやるという言い方の中に、様々な角度があるわけですが、最終的には、保育者からの一方的に近い角度になっていた可能性があるのです。もちろん、よかれと思うことはどんどんやれといったことが、むしろ、子どもにとっては痛みになってしまったこともあるかもしれません。それでも、保育者の側は、ある程度そのことを知りつつも、なおかつ、大人が過去に通ってきた道という、やや時代の変化に乗らない経験則で進めてきたところがないとは言えません。「良かれと思ってね」と、ある程度の批判の声を聞きつつも、私たち保育者の論理だけでどんどんやってきたのかもしれません。この状況の中で子どもは不登校、いじめ、自殺などという形を突きつけてきました。

この状況を受けた第16期の中央教育審議会では、審議会始まって以来ではないかとも受け取れる画期的な答申をしたのです。中央教育審議会とは、みなさんもよくご存じの通り文部科学大臣の諮問審議会で国の教育の方向性や在り方を検討する会議として昭和27年から始まり、これまでに30回以上の様々な答申を行なってきています。この中央教育審議会は、どちらかというと学校によかれという形の中で教育のレベルアップを目ざし、ある意味で教育の効率化を図ってきた傾向がありました。それに対して、今回の中央教育審議会は、不登校、いじめをはじめとした様々に引き起こされる子どもの事件等を見て、20世紀の反省と共に21世紀の教育の在り方について審議が図られたのです。

その引き金は、少年たちが引き起こす事件だったことは否定できませんが、多くの人と幼児期からの心の在り方を含め、広範囲に教育全般への基本的な論議ができたことは、幼稚園教育、保育所保育にとっては幸いでした。なぜならこれまで幼稚園教育、保育所保育について中央教育審議会で論議されていることは少なく、幼児期の教育の在り方が学校教育として位置づいていなかったことへの警鐘ともなったからです。さらに、教育課程の基準改訂においては、幼稚園から小学校、中学校、高等学校及び盲・聾・養護学校を含めた初等中等教育全体が基本命題（ゆとりの中の生きる力）を持ち、各学校段階との調和と統一が図られたことは、まさに画期的な改訂だったと考えてよいと思います。

つまり、第16期の中央教育審議会では「我が国の21世紀を展望した教育の在り方」が議論され答申に至ったのですが、先から述べているように従来の答申と違って「発想の転換」と「教育の意味づけ」が答申内容に盛られたことでした。まず、発想の転換として「教育における形式的な平等主義からの脱却」ということを打ち出したことです。今まで私たちは、形式的な平等を大事にしてきました。いわゆる、「みんなで渡れば怖くない」方式で、とにかくスクラムを組んで教育をしてきました。そして、少しでも進歩するようにと教育の効率化を図ってきました。ところが、この形式的な平等主義からの脱却を答申したのです。

さらに、中教審は「教育とは、自分探しの旅を扶ける営みである」と、つまり教育とは、「自己責任を伴った一人一人の在り様、在り方」ですよ、ときちんと意味づけをも答申したのです。このことを簡潔にまとめてみると、従来の「横並び、一斉的な教育」から「一人一人が一人一人であってよい」という180度の転換を図っていこうという画期的な改革への示唆と考えられないでしょうか。まさに、子どもたちが「もっと、私を見てほしい」「一人一人が違っていることを大切にしてほしい」と、長い間、突きつけられてきた課題に正面から受け止めていこうという方向だと考えられるのではないでしょうか。

明治以来ずっと大切にしてきた形式的な平等主義から脱却して、自分は自分であっていいということです。これは、幼稚園教育、保育所保育がもっとも大事にしている「あなたはあなたであっていいのよ、自分を発揮しなさい」ということに通じています。幼児期はまさに自分が自分であっていいという世界なのです。一人一人が「自分が自分であることの大切さ」というのが実は幼児教育そのものなのです。幼稚園教育、保育所保育が大切にしてきた論理とやっと一致して「教育とは自分探しですよ」。つまり、自分に合った能力に見合った形で選択することが許される世界ができたということなのです。早く進む子どもがいてもよいし、ゆっくり行きたいなという子どももいてもよい、ということなのです。

この「発想の転換と教育の意味づけ」という二つの事柄から、これからの教育に必要なことは、「ゆとりの中で『生きる力』をどうつけるか」ということであると、中央教育審議会は答申し、そのことが引き続きの教育課程基準改訂に受け継がれ、学校教育の新しい基本的な命題としてひとつの課題に取り組もうということで、幼・小・中・高・盲・聾・養護学校の総則の中に『生きる力』という言葉が入ってきました。

・おわりに

これまでも、保育の世界でも幾度となく「生きる力の育成を」と言われてきたのですが、これまでの発想を転換して形式的な平等主義から脱却し、一人一人に応じた「ゆとりの中での生きる力」と位置づけなおしたのです。それも初等中等教育全体が調和と統一をとった形で基本命題にするということで、すべての教育要領、指導要領の総則に「ゆとりの中での生きる力」が取り入れられたのです。もちろん、この『生きる力』は、幼稚園教育要領だけではなく、保育所保育指針の改訂にも生かされ、幼児教育全体の課題ともなったのです。具体的には、次の3点が『生きる力』として挙げられています。

『生きる力』の一つ目は、「自ら発見し、自ら課題にぶつかり、自ら考え、自ら解決する力」です。ある意味で、自己責任能力ということにもなります。これを幼児期にそのまま当てはめることは当然できません。そこで、幼稚園、保育所では、知的好奇心とか探求心、興味・関心・意欲という段階を大切にし、生きる力の基盤を磨こう、ということになるでしょう。そこで、幼稚園、保育所においては、生きる力の第一を知的好奇心の高揚と位置づけ、様々な遊びを通して子どもたちの心と頭に揺さぶりをかけることが求められているのです。

二つ目は『自らを律しつつ、他者を思いやる心の育成』が挙げられています。幼児期では「自らを律しつつ他者を好きになる力を身に付ける」に置き換え、友達を『好き』になるということを生きる力と考えてみることではないでしょうか。つまり、ここにいるのが好き、この先生が好き、友達が好き、この園が好きっていう、この温かい風土、雰囲気を園全体でつくろうということです。ここにいるのがとっても好き、ここにいるとほっとするという、好きという、癒しを大切にすることで、自らを律しつつ、一人で遊ぶこともできるし、みんなとでも遊べるという、このことを身に付けることが、生きる力になるであろうと考えられているのです。

具体的に言えば、一人でも遊ぶことができるし、みんなとでも遊ぶことができるとは、今みんなといっしょに行動すべきときには自ら選んでそこに参加すればいいし、同時に「今はいやだ」と自分の遊びを大切にする力を持たなければならないのです。つまり、選択する力を持てることが大切なのです。

そして三つ目は、今一度原点に返って『健康な体ってなんだろう』と考えなければならないときではないでしょうか。自然が失われ、環境の破壊が進む中にあって、物の豊かさが、心の健康だけでなく、身体へも悪影響を及ぼしています。子どもたちの遊び環境を再考し、心身共に健康な子どもをつくることが必要です。そのことが『生きる力』へとつながっていることを、再認識するよう求められているのです。

以上のように、新しい幼稚園教育要領、保育所保育指針は『生きる力』を中心に保育を展開することを求めてきています。私たちは、保育の基本をそこに位置づけ、日々充実した保育実践が生み出されるようがんばりたいものです。

第十五話　教育課程の基準の改善
―新しい幼稚園教育要領をどう読むか―

一　改善の背景と　その基本的な考え方

二　改善の要点と　その読み取り方

・はじめに

文部省は平成十年十二月十四日、新しい幼稚園教育要領を告示し、平成十二年度から全面実施されています。今回の教育課程の基準の改善では、幼稚園から高等学校までと盲・聾・養護学校の初等中等教育全体の基準改善について同時に審議し、各学校段階間の教育内容の調和と統一が図られました。

また、改善に当たっては平成十四年度から実施される完全学校週五日制の下、「ゆとり」の中で「特色ある教育」を展開し、子どもたちに豊かな人間性や基礎・基本を身に付け、個性を生かし、自ら学び自ら考える力などの「生きる力」を育成すること等を基本的なねらいとして示した上で、改善の具体的な内容を示しています。これらは従来にはなかった特色といえます。

この稿では、新しい幼稚園教育要領の改善の要点について、改善への背景を踏まえながら「どのように受け止め・読みとるのか」を考えてみたいと思います。

一　改善の背景とその基本的な考え方

平成元年に改善された幼稚園教育要領は、多くの先生方の協力と理解の下で、その趣旨を踏まえた着実な実践が積み重ねられてきました。しかし、近年の都市化、核家族化、少子化、情報化といった社会の進展は、家庭や保護者の意識、あるいは地域社会にも影響を及ぼし、幼稚園においても、これらの社会状況の変化に対応した取り組みが必定であることが求められてきました。

また、一部には幼児の主体的な活動を確保するということは、幼児の活動をそのまま放置するといった誤解も見られ、環境の構成や保育者の役割などに共通理解が不十分な点があり、教育要領の趣旨をよりよく実現していくための改善が求められてきました。さらに、第十六期の中央教育審議会が答申した「幼児期からの心の教育の在り方について」では、幼児が日常生活に必要な習慣や何がよくて何が悪いかを考えるようにすることなど幼児期の道徳性の芽生えを培うことが提言されるなど、心を育てる場としての幼稚園の役割が問われてもきました。

これら事柄などを踏まえて、今回の改善では、

①幼稚園教育においては、遊びを中心とした生活を通して、一人一人に応じた総合的な指導を行うという基本的な考え方は引き続き維持し、充実・発展させる。
②幼児の主体的な活動が十分確保されるよう、保育者が幼児理解に基づき計画的に環境を構成すべきことや幼児の活動の場面に応じて、理解者、共同作業者などの様々な役割を果たすべきことについて、一層明確にする。
③豊かな生活体験を通して自我の形成を図り、「生きる力」の基礎を培うため、「ねらい」及び「内容」の改善を図る。
④幼児を取り巻く環境の変化、家庭や社会のニーズの多様化に対応し、積極的に子育て支援をしていくなど、幼稚園運営の弾力化を図る。
などを改善の基本な考え方として改訂が行われました。

二　改善の要点とその読み取り方

（1）幼稚園教育の基本等

平成元年に改善された教育要領は、幼稚園教育の基本として教育は環境を通して行うものであるとし、幼児の主体的な活動としての遊びを中心とした生活を通して、一人一人に応じた総合的な指導を行うとしています。

今回の改善においても、このような考え方を充実発展させ、幼稚園においては、幼児の遊びを中心とした生活の中で、豊かな体験を得させ、好奇心を育み、健康な心と体を育て、幼児期にふさわしい道徳性の芽生えを培うなどの教育を通して、小学校以降の生活や学習の基盤を養う必要があることを基本的な考え方に位置づけられました。

つまり、新しい教育要領では、幼稚園教育は環境を通して行うという基本を継承したわけですが、環境を通して行う教育とは、幼児が一方的に何かをさせられるのではなく、幼児自身が自由感を感じつつ活動することが大切です。しかし、それは必ずしも全てを幼児の活動に任せることを意味しているのではありません。むしろ、大切なことは幼児が環境と主体的に関わって、幼児一人一人が本来持っているよさや可能性が開かれることであり、それを引き出すような環境が構成されることです。

そのため、新しい教育要領の総則に、幼児の主体的な活動が確保されるよう、幼児一人一人の行動の理解と予想に基づき、計画的に環境を構成すべきことと、幼児一人一人の活動の場面に応じて、保育者は様々な役割を果たすべきことが強調されていることを読み取らなければなりません。

また、幼稚園教育の目標では、新たに「幼児期における教育は、家庭との連携を図りながら、生涯にわたる人間形成の基礎を培うために大切なものであり、幼稚園では、幼稚園教育の基本に基づいて展開される幼稚園生活を通して、生きる力の基礎を育成するよう・・」という記述が入っています。新しい教育要領では、家庭との連携を重視する一方、学校教育の新しい理念である「生きる力」が位置づけられたと言えます。

（2）教育課程の編成等

第十六期の中央教育審議会では「今後の地方教育行政の在り方について」の答申（平成十年九月）もありました。この会議の審議経過の中でも多く語られたのが、学校の自主性と自律性でした。つまり、学校教育において各学校の裁量幅を広げ、特色ある教育の展開が求められたのです。

この点について、新しい教育要領では、幼稚園や地域の実態に即応した適切な教育課程を編成するために「各幼稚園の創意工夫を生かすようにする」という趣旨が記述されています。

また、教育課程編成にあたっては、「特に自我が芽生え、他者の存在を意識し、自己を抑制しようとする気持ちが生まれる幼児期の発達の特性を踏まえ・・」という三歳児を考慮した記述にも注目して欲しいものです。

幼稚園の教育時間等については、一日の教育時間は四時間を標準とし、一年間の教育週数は三九週を下ってはならない、ということも、基本的にはこれを維持していくことが妥当であるとされました。ここで注目して欲しいのは、教育課程の編成に直接に結びつくわけではないのですが、近年の女性の社会進出や成熟社会を迎え、それらに応える子育て支援のための地域に開かれた幼稚園づくりや教育課程外の教育活動が、指導計画作成上の留意事項の「特に留意する事項」として、新たに教育要領に位置づけられたことです。

この教育活動を実施するには、教育課程の編成の上でも無視することはできません。

なぜなら、教育課程に関わる教育時間終了後に希望する者を対象にした教育活動については、適切な指導体制を整えるとともに、幼稚園教育の基本及び目標を踏まえ、教育課程に基づく活動との関連、幼児の心身の負担、家庭との緊密な連携などに配慮して実施するように求めているからです。

（3）ねらい及び内容等

教育内容については、幼稚園修了までに幼児が育つことが期待される心情、意欲、態度などを「ねらい」として示し、その「ねらい」を達成するために幼児が経験し、保育者が指導する事項を「内容」とされています。この「ねらい」と「内容」は、幼児の発達の側面から5領域にまとめて示されていますが、これらの領域の構成は引き続き維持することが妥当であるとされました。

しかし、領域によっては中身をかなり大幅に変えて、道徳性を培う活動の充実を図ったり、知的発達を促す教育を明確化するなどの改善が図られました。また、従来の教育要領における「留意事項」は「内容の取り扱い」に改められました。

領域「健康」…ねらい及び内容は、従来通りです。しかし、「内容の取り扱い」では、従来の「留意事項」を再構成して、自然の中での遊びや基本的生活習慣の形成を重視する視点が示されました。

つまり、戸外の遊びや自然との関わりが乏しい幼児が増えつつある現状を踏まえ、幼児の遊びの動線に配慮した園庭の遊具や自然環境の整備などを行い、幼児が思い切り身体を動かすことができるよう環境を工夫することを新たに加え、これまで指導計画上の留意事項に示されていた基本的な生活習慣の形成に関しても関係の深い領域として内容の取り扱いに記述されています。

領域「人間関係」…ねらいは従来通りなのですが、内容では従来の十項目を十二項目に

増やしています。これは、幼児期にふさわしい道徳性を生活の中で身に付けるようにする観点から、よいことや悪いことがあることに気づき、考えながら行動すること、きまりの大切さに気づき、守ろうとすること、さらに、友達のよさに気づき、一緒に活動する楽しさを味合うなどを内容として新たに示したものです。内容の取り扱いでは、地域の人々との交流として、とくに「高齢者」に焦点が当てられています。なお、内容の取り扱いにおける道徳性の芽生えに関する記述も、基本的生活習慣と同様に従来の留意事項を再構成し、関係の深い人間関係の領域に示しています。

領域「環境」…従来のねらいの三項目の中で「数量」とともに、新たに「文字」などに対する感覚を豊かにすることが加わりました。内容では、従来の十項目を十一項目に増やし、「日常生活の中で簡単な標識や文字などに関心を持つ」が新たに加わりました。しかし、ここで気を付けて欲しいことは、従来の文字教育の意味が変更になったのではないということです。

幼児期にふさわしい知的発達を促す教育は、ある特定の場面で行われるものではなく、日常の様々な環境との関わりの中で促されることを認識することが大切なことから、生活の中で様々な物にふれ、その性質や仕組みに関心を持つことなどを新たに内容として示したのです。したがって、内容の取り扱いで、幼児が遊びの中で周囲の環境と関わり、その意味や操作の仕方に関心を持ち、物事の法則性に気づき、自分なりに考えることができるようになる過程を大切にすることなどの記述から読み取って欲しいものです。

領域「言葉」…従来のねらいの三項目の中に「伝え合う喜びを味わう」ことなどが加わり、内容でも「日常生活に必要な簡単な標識や文字などに関心をもつ」を「日常生活の中で、文字などで伝える楽しさを味わう」に差し替えています。

幼児期の言葉の獲得においては、自分なりの言葉で表現し、伝え合う喜びを味わうことが大切であることから、領域の考え方を「経験したことや考えたことを自分なりの言葉で表し、相手の話す言葉を聞こうとする態度を育て、言葉に対する感覚や言葉で表現する力を養う」と新たに示しています。また、文字の指導に関しても、文字に関わる体験が幼稚園生活の中に豊かにあることを認識し、幼児一人一人の興味や関心に沿って丁寧に関わりながら、文字などで伝える喜びを味わうことの大切さが新たに記述されていることを読み取って欲しいものです。

領域「表現」…ねらいや内容は、従来とほとんど変更がありませんが、内容の取り扱いにおいて「幼児の自己表現は素朴な形で行われることが多いので、教師はそのような表現を受容し、幼児自身の表現しようとする意欲を受け止めて、幼児が生活の中で幼児らしい様々な表現を楽しむことができるようにすること」を新たに示されています。

幼児期においては、自分なりに表現し、それが受容され、幼児自身の表現しようとする意欲を受け止めることが大切であると強調されたのです。

（4）指導計画作成上の留意事項等

従来通り、一般的な留意事項と特に留意する事項とで構成され、一般的な留意事項としては、指導計画作成の考え方は従来通りですが、三歳児の入園についての配慮事項、園全体の保育者による協力体制、保育者の様々な役割、小学校との連携などが新たに示しています。また、特に留意する事項では、特殊教育諸学校等の障害のある幼児との交流の機会を設けることや幼稚園運営の弾力化（教育課程外の教育等）について新たに記述されていることに注目したいものです。

おわりに

新しい幼稚園教育要領について、急ぎ足で概観してきました。この稿が、各幼稚園において、改善の趣旨を理解したり、それぞれの実態に応じた教育課程を編成し創意工夫と特色ある教育実践を展開したりすることへの一助となれば幸いです。

「幼稚園じほう」１９９９・４

●著者紹介

小田　　豊（おだ　ゆたか）

（国立教育政策研究所次長）

山口県生まれ、広島大学教育学部卒。梅光女学院高校教諭を経て、昭和49年4月から滋賀大学教育学部講師に。その後、同大の助教授、教授、平成5年12月からは文部省初等中等教育局幼稚園課教科調査官併任。平成6年4月から文部省初等中等教育局幼稚園課教科調査官、平成8年10月から文部省初等中等教育局視学官を経て、平成15年4月より国立教育政策研究所次長。主な著書として、「はい　こちら幼稚園です」（世界文化社）、「一人ひとりを育てる」「3歳児保育のヒミツ」「保育がみえる子どもがわかる」「幼児期からの心の教育」（ひかりのくに）、「家庭の中のカウンセリングマインド」（北大路書房）など。

子どもの心をつかむ保育者

―子どもの願いが生かされる幼児教育を求めて―

2001年8月　　初版発行

2004年3月　　3版発行

著　者　小　田　　豊

発行者　岡　本　　健

発行所　ひかりのくに株式会社

〒543-0001　大阪市天王寺区上本町3-2 郵便為替00920-2-118855

〒175-0082　東京都板橋区高島平6-1-1 郵便為替00150-0-30666

ホームページアドレス　http://www.hikarinokuni.co.jp

製版所　近土写真製版株式会社

印刷所　株式会社熨斗秀興堂

ISBN4-564-60093-1